100 PUNTADAS DEL CORAZÓN

Poemas y más

María del Refugio Topete Anaya

Reservados todos los derechos. No se permite la reproducción total o parcial de esta obra, ni su incorporación a un sistema informático, ni su transmisión en cualquier forma o por cualquier medio (electrónico, mecánico, fotocopia, grabación u otros) sin autorización previa y por escrito de los titulares del copyright. La infracción de dichos derechos puede constituir un delito contra la propiedad intelectual.

El contenido de esta obra es responsabilidad del autor y no refleja necesariamente las opiniones de la casa editora. Todos los textos e imágenes fueron proporcionados por el autor, quien es el único responsable por los derechos de los mismos.

Publicado por Ibukku, LLC
www.ibukku.com
Diseño y maquetación: Índigo Estudio Gráfico
Copyright © 2022 María del Refugio Topete Anaya
ISBN Paperback: 978-1-68574-112-9
ISBN eBook: 978-1-68574-113-6
LCCN: 2022905142

Índice

PRÓLOGO	9
AGRADECIMIENTO	13
DEDICATORIA	15
A LA POBREZA	**17**
CONSEJO DE UN PADRE	19
EL VIEJO ANDRÉS	21
LA HISTORIA DE TOMÁS	25
LABRADOR	27
LAS DELICIAS DE LOS SUEÑOS	29
LAS NUBES	31
MARIMBA	33
MIJO	35
NO HAY QUE SER POBRE	37
RESIGNACIÓN	39
SIN ESPERANZAS	41
AL AMOR	**43**
A PESAR DE TODO	45
ADIÓS, AMOR	47
ALMAS GEMELAS	49
ANSIEDAD	51
AVE PERDIDA	53
CALLAR	55
COMO LAGUNA SIN LUNA	57
COMO UN CENZONTLE	59
CREÍ QUE PODÍA OLVIDARTE	61
CULPA DE TUS OJOS	63
DESPEDIDA	65
DESTIEMPO	67
EL DÍA A DÍA	69
ERA NADA	71
ERAS PARA MÍ	73
FELICIDADES	75
HASTA CUANDO	77
JAMÁS PODRÍA	79
LA LUNA Y TÚ	81
LA MÁS BELLA DE LA COSAS	83
LA VIDA SEGUIRÁ	85
LO QUE ENAMORA	87

LO ROJO DE MI SANGRE	89
LUNA AZUL	91
ME DUELES	93
MI AMOR ETERNO	95
MI DELIRIO	97
MI ÚLTIMA CAÍDA	99
NO SABES DECIR	101
NO SÉ DÓNDE ESTARÁS	103
OJALÁ	105
PARA PENSAR EN TI	107
SILENCIO	109
SI PUDIERA YO DECIRTE	111
SUS OJOS NEGROS	113
TE QUIERO, DECÍAS	115
TE QUISE A TI	117
TU NOMBRE	119
TU OLVIDO	121
TÚ TAN LEJOS	123
UN VELERO	125
USTED	127
YO PREGUNTO	129
A LA MUERTE	**131**
GOLONDRINAS	133
KELLY	135
LAS GRANDES COSAS	137
GREG	139
LA MUERTE	141
LOS TIEMPOS IDOS	143
POR QUÉ OSCURECE	145
QUÉ NO DIERA YO	147
TEMAS DIVERSOS	**149**
ABRE EL CORAZÓN	151
A CLIFF	153
AZUL	155
DISTANCIA	157
ESPERANZA	159
ESTACIONES DE MI VIDA	161
GRACIA	163
HASTÍO	165
INGRATITUD	167
LA SOMBRA	169

LA VIDA	171
LOS NIÑOS	173
MADRECITA MÍA	175
ME HICE VIEJA	177
MIS CUADROS EN LA PARED	179
MIS RECUERDOS OLVIDADOS	181
NO ERA TIEMPO	183
PREÑEZ	185
PRIMAVERA	187
QUÉ COSAS	189
QUE ME PERDONE MI MADRE	191
SOLEDAD DIVINA	193
UNA LÁGRIMA CAYENDO	195
A LA PANDEMIA	**197**
COVID-19	199
GLOBO DE SAL	201
QUISIERA	203
A LA PATRIA	**205**
CANCÚN	207
DOS SIGLOS DESPUÉS	209
EL HUIZACHE	211
EN LA PLAZA	213
MASCOTA MÍA	215
MÉXICO MÍO	217
MI PALOMITA GRIS	219
NOSTALGIA	221
QUIERO VOLVER Y VOLVER	223
QUINCE DE SEPTIEMBRE	225
SANTA CATARINA	227
UN SENTIMIENTO	229
VUELVE A VALLARTA	231
BIOGRAFÍA	233
TOPETE	236

PRÓLOGO

Deseo, en primer término, agradecer la distinción de que fui objeto por parte de la señora María del Refugio Topete Anaya, quien me solicitó amablemente redactara el preámbulo a su obra poética.

Se ha dicho que la poesía es el vehículo por el cual se trasladan hasta nosotros las remembranzas que traen a nuestra mente qué sentimientos anidaban en las personas, cómo eran las costumbres, cómo hablaban, cómo vivían, o cómo viven, hablan y sienten en la actualidad. Reflejan a los seres de cada tiempo y lugar con sus alegrías, sus lágrimas, su felicidad, su dolor, su rabia, su júbilo, sus sueños...

La poesía nace, crece y aflora del sentimiento del ser humano; es el sentir de las personas que expresan lo más bello y hermoso por medio de la palabra. Como se expresaba en náhuatl, *in xóchitl, in cuícatl* "la flor, el canto, la belleza, lo que embriaga, lo que nos abre el camino para ver algo que alegra, algo que aflige a otros que no ven lo que yo veo" (Howland, 1995).

"100 puntadas del corazón" es un conjunto de poemas impregnados de la realidad circundante que disfrutó ¿o padeció? María del Refugio Topete Anaya durante su niñez, adolescencia y juventud en su natal Mascota, Jalisco, en Santa Catarina, municipio de Unión de Tula, Jalisco y en algunas demarcaciones del suelo americano.

En su obra profusa y diversa, producto de su talento y habilidad, nos comparte vivencias de fenómenos sociales como la pobreza, la que vivió muy de cerca; del maravilloso sentimiento que es el amor, en sus diversas manifestaciones, esencialmente del amor filial; de fenómenos naturales como la muerte, a quien le reclama haberle arrebatado a dos de sus hijos; a la Patria, encarnada en Jalisco y México y particularmente en Unión de Tula, al que le ha dedicado poemas y canciones. También aborda temas diversos: a la madre, a los hijos, al covid-19, etc.

Estimado lector: en las páginas de "100 Puntadas del Corazón", a través de un lenguaje claro sencillo y accesible, te podrás deleitar con las composiciones literarias creadas bajo la inspiración de una persona sensible, que tiene la virtud de trasladar, a través los versos y la rima, acciones vivenciales de la objetividad, a la subjetividad, agregando expresiones emotivas que añade o incorpora de manera magistral al diario vivir.

En este libro podrás encontrar coincidencias con una realidad lacerante *"Hay quien nace pobre, y así pobre muere/ y sintiendo que nunca le perteneció…/ni el campo, ni el arado y tampoco los bueyes,/ sólo la pobreza, ella no lo abandonó".* O la expresión del más puro de los sentimientos: el amor: *"vagando van en el silencio de la noche/ mis sueños rotos de dolor entristecidos/ pidiendo al cielo que tu corazón aloje/ las rosas rojas de mi amor adolorido"* También encontrarás alusiones referidas al final de nuestra vida: *"¿por qué dos de mis amores,/de los grandes que he tenido…/para el cielo se me han ido? /¡Esa ausencia sabe a horrores!* (Parte del poema dedicado a sus hijos).

Parte importante de la producción literaria de la autora versa sobre Unión de Tula, lugar que fue testigo de sus correrías de la infancia, la adolescencia y su juventud. Así, encontrarás *"Dos siglos después"* (Dedicado al Bicentenario de Unión de Tula) *"En la Plaza"*, *"Mi palomita gris"*, *"Santa Catarina"*, *"Un sentimiento"*. También la canción dedicada a su querido Unión de Tula, la cual inicia diciendo *"Unión de Tula qué chula,/ tierra de mi corazón,/tierra que estando yo lejos/ me hace llorar de emoción,/ al recordar sus festejos,/ que son una tradición/"*

Hago extensiva la invitación a todas las personas para que conozcamos la obra poética de María del Refugio Topete Anaya, seguro de que encontrarán en ella una forma diferente de conocer nuestro entorno, ya que la poesía es otra manera de producción de conocimientos, es un medio de expresión que generalmente habla o aborda los sentimientos humanos y es uno de los medios de comunicación más importantes en la actualidad.

Diciembre de 2021.
Profr. Gilberto García Gómez

AGRADECIMIENTO

A todos mis hermanos,
a mis amigas queridas y sobrinas por elección:
*Jaqueline Rodríguez Robles, Angélica y Gris Aréchiga,
Marta Castillo, Idalia Rangel, Adriana Sánchez, Paulina y Doris Dueñas.*
A mis sobrinos: *Julia López Topete y Héctor Manuel Topete Ramírez.*
A mis primas: *Gloria Topete García, Nena, Margarita
y Graciela Topete Sandoval.*
A mis amigas: *Socorro Ramírez, Elva Lomelí, Carmelita García
Santana, Adriana Onofre Andrade* y a mi nuera *Benjamas Nobiensky;*
que por su cercanía conmigo, conocen mi afición por la escritura
y me han alentado a seguir. Y muy especialmente agradezco al
profesor *Gilberto García Gómez,* porque sin su intervención este
libro no hubiera sido posible, ya que solo escribía por el gusto de
escribir y fue cuando él se interesó por conocer mis sentimientos
hacia este bendito pueblo, (que me adoptó hace ya 67 años)
en el que vivo el invierno de mi vida, con un calor de verano
insospechado y maravilloso, que nació la inquietud y de alguna
manera la idea de editar.

DEDICATORIA

A mis hijos: *Kelly, Derrick, Greg, Randy, Calina* y *Cliff;*
que fueron mi fuerza y mi esperanza para sobrellevar adversidades
que cuando eran niños nos tocó vivir y que han sido mi orgullo y
felicidad; que aunque se fueron a seguir su destino, siempre han
estado cerca de mí; y el saberlos unidos y apoyándose mutuamente
me da la tranquilidad que toda madre necesita para un día dejar
este mundo sin esa preocupación.

A mis nietos: *Cody, Caylee, Greg, Morgan, Caythlynn, Alexis, Samuel,
Joseph Eutimio* y *Kayla.*

A mis bisnietitos: *Ryan, Bradley* y *Amirah.*
Todos ellos, ¡mi razón de ser!

A MIS ÁNGELES EN EL CIELO:

*Aprendí a amarlos, como se aprende a amar al silencio,
a la soledad, a la distancia… y también al viento.*

A LA POBREZA

CONSEJO DE UN PADRE

Deja que se vaya el hijo, madre.
Que busque fortuna en cualquier lugar;
pa' qué detenerlo aquí al diantre,
si pudiera mejor vida encontrar.

Sueños de joven, no se los trunques;
ruégale a Dios para que lo ampare.
¡Muéstrale a él tu amor tan dulce!
Que en la distancia todo compare.

Y si encuentra lejos felicidad,
aunque no vuelva, ¡seamos dichosos!
Tendrá nuestra alma tranquilidad
sabiendo que él encontró algún gozo.

Y si regresa ya derrotado…
¡Que solo encuentre aquí bendición!
Con la experiencia de lo intentado,
habrá encontrado resignación.

EL VIEJO ANDRÉS

Sí… soy solo.
Y nada de malo hay en eso.
Es porque tal vez Dios quiso
que yo fuera diferente;
que no me pareciera a naiden
de entre todita la gente.

Procuro no molestar,
no tener broncas, yo pienso;
que pa' vivir siempre en paz,
hay que saber ser decente.

Y no me asustan las soledades,
han sido mis compañeras
de toditas mis edades,
que hasta las echo de menos a ratos;
cuando viene algún extraño
a atosigarme con algo.

Que a acomodarme mis cosas
y quesque hacerme compañía.
Y que a naiden se le ocurra
que eso me ha de molestar.

Y puede que no esté bien,
pero no me gustan los regaños;
ni que alguien me quiera cambiar,
ni mi modo de comer
ni mi manera en que yo hablo.

Y ni que consejos me den,
yo atentamente claro les dejo,
que han de seguir su camino;
no necesito obligados afectos.

Que pa' morirme, es lo mismo
solo que acompañado
y miedo pa' eso no tengo
porque ya estoy muy cansado.

Los únicos consejos que guardo,
los que mi madre me diera;
que Dios esperaba decía
que una persona de bien yo fuera…

Honrada, trabajadora
y exitosa en esta tierra.
Palabras que yo no olvido…
que solo a medias he cumplido.
No tuve cómo ser alguien,
nunca pude ir a la escuela.

He sido solo en la vida
desde que ella se muriera.
Y no es que quejarme quiera,
Dios me puso aquí en el mundo,
con un cielo azul tan bonito,
¡unos cerros quietecitos!
y el aire pa' respirar.

Solo que nunca tuve pa' comprar,
de todo esto un pedacito.
A Dios… le he quedado mal.

Eso sí… he ahorrado mucho, mucho,
pa' que el día en que yo me muera,
no se mire mi pobreza;
yo quiero que a mí me entierren
con música de guitarras,
en una caja de madera y muy bonita.

Y pienso, a veces yo pienso…
si algún pariente tuviera
y que llorar por mi muerte quisiera
aunque sea de mentiritas,
pa' que Diosito creyera
¡que fui exitoso en la tierra!

LA HISTORIA DE TOMÁS

Yo no tengo un lugar de nacimiento,
no tengo dónde ir a llorar mis desventuras;
que me perdone Dios pero yo no miento,
que me arrancaron de allí siendo criatura.

Aquí tiene su acta, mijo, mi padre dijo.
No olvide nunca el rancho onde asté nació;
que aunque el patrón nos ha corrido,
este rancho asté nacer lo vio.

Era el rancho muy grande del patrón
y mi madre trabajaba en la cocina;
mi padre era el ordeñador,
hacía el queso y lo llevaba a la vendimia.

Tenía yo solo seis añitos de nacido
cuando a mi padre un camión lo atropelló;
quedó impedido y el patrón nos ha corrido
y nos cobra el queso que en la calle se perdió.

Anduvimos buscando rancho en rancho
un trabajo pa' mi madre que no halló;
acabamos por vivir bajo de un árbol,
de limosnas, fue la voluntad de Dios.

Y aprendimos a vivir en la desgracia,
entre insultos y también en caridad;
donde el sol es cobija, no esperanza.
Y de noche algunos fríos son sin piedad.

Unos frailes que vinieron desde lejos
nos dijeron que nos iban a ayudar;
que nos iban a llevar de onde vinieron
pa' que allí también pudiera yo estudiar.

Y mi padre esa noche enloqueció
y amarrado en una gran jaula de otates,
a un manicomio lo llevaron y murió.
Pa' nosotros fue el mayor de los desastres.
Y ya nunca ningún fraile apareció.

Mi madre lo lloró por mucho tiempo,
yo con ella fui aprendiendo a mucho odiar;
a todo el que ignoraba nuestra pena,
a pesar que su enseñanza era de amar.

Si las penas fueron hechas pa' llorarse,
desde niño, las más grandes las lloré;
fui creciendo y me hice fuerte por mi madre,
pero al mundo, ¡a todo el mundo yo lo odié!

Al mirarla con sus ropas desgarradas,
como el alma que a mí me diera Dios;
y pa' qué me sirve a mi un alma enlutada,
ayer mi madre, entre mis brazos se murió.

Escarbé como pude un hoyo grande.
Y no tuve pa' comprarle su cajón;
la envolví con cuidado en su petate
y con ella enterré mi corazón.

LABRADOR

Labrador… labrando se pasó la vida;
bajo un cielo alto y un sol inclemente;
con sus bueyes nobles llegó hasta la orilla,
cansadas sus plantas, sudando su frente.

Y no hay quien le espere llegando a su casa,
su mujer se ha muerto y se fueron sus hijos;
vacía soledad que despacio le arrastra
al mundo de nadie… con los ojos fijos.

Y pa' qué ha de soñar un mañana mejor
y pa' qué si bien sabe que no ha de llegar;
su destino es tan pobre o un poquito peor,
al de su vecino que de hambre murió.

El domingo al pueblo bajar se le mira
entrando a la iglesia, visitando a Dios;
caminando triste, suspira y suspira,
pero en el mercado, jamás se le vio.

El agua del río se le va con prisas,
la mira y la mira y al final sonrió;
tal vez imagina que va con su risa,
a un mundo divino donde no hay dolor.

Hay quien nace pobre y así pobre muere
y sintiendo que nunca le perteneció
ni el campo, el arado y tampoco los bueyes,
solo la pobreza, ella no lo abandonó.

Labrador labrando, ¡qué triste tu vida!
Y qué triste la mía, que no te encontró.

LAS DELICIAS DE LOS SUEÑOS

¿A quién puedo reclamarle por ser pobre?
¿A mis padres? Si ellos la vida me dieron
y me criaron pobre, como ellos supieron,
igual que los suyos con ellos lo hicieron.

Comíamos tortillas untadas de chile;
sabían rete buenas, lloraban los ojos.
Mi madre lloraba aunque no comiera,
nos reíamos de ella y se iba a esconder.

Éramos felices, jugábamos tanto…
en unos petates dormíamos juntitos,
luego nos sentaban en una bardita
al salir el sol, envueltos en ponchitos.

Ahí calientito nos traía mi madre,
un jarro de atole con tacos de sal;
y luego corriendo por los tepetates,
mi hermano me tumba y me pongo a llorar.

Ahora yo entiendo el llanto de mi madre,
el afán de mi padre por irse a emigrar;
si se hubiera ido, pero aquella tarde
a él y a mi hermano que andaban sembrando,
un maldito rayo los vino a matar.

Mi madre de pena también se murió.
Y solo, muy solo en el mundo me dejó.
Y acarreando cosas allá en el mercado,
pude hallar para mí, una vida mejor.

Pero cuando crecí, me vengo a enamorar;
olvidé todito, ¡qué lindo es amar!
mis sueños cambiaron de ser hombre rico,
al de una morena y un ramo de azahar.

¿Dónde estarán las delicias de los sueños?
Hoy mismo soy, de mis hijos la pobreza;
salgo de madrugada, vuelvo de noche,
trayendo lo que no alcanza ... y mi tristeza.

LAS NUBES

Iban las nubes jugando carreras;
no sé a donde iban, pero pareciera,
que la prisa era mucha
y a luego en la lucha
chocaron entre ellas y las vi llorar.

Con sus lágrimas empaparon
todo, pero todito el llano
y yo me puse a pensar.

Quién fuera como ellas,
que sus sentimientos, los dejan salir…
y que con su llanto acá los humanos
levantan cosechas pa' sobrevivir.

Yo no tengo un rancho…
a mí no me sirve su llanto
y el mío no le sirve a naiden,
porque es en seco; ahora canto.

Ya mi dolor se ha vuelto medio santo,
es tal vez por la resignación
que ya a mis ojos los secó.

O Dios quiere que siga adelante,
que mi pobreza me la aguante
y es la ayuda que me dio.

MARIMBA

Marimba yo te puse de nombre,
cuando llegaste tan derrotado;
tus costillas mostraban el hambre,
un entonces que ya está lejano.

Juntos sanar tristezas pudimos,
soledad contigo, ya no fue más;
mi perro hermano, mi gran amigo,
cómo pagar tu amor y lealtad.

Hoy que los huracanados vientos
nos han dejado ya, sin un hogar;
yo no consigo agarrar aliento,
soy un mendigo y conmigo estás.

Me duele ver tus ojos dolientes,
nomás mirando pa' donde estoy;
con la tristeza de quien entiende
que no habrá comida tampoco hoy.

De tantos años mi compañero,
que hasta enfermero has sabido ser;
lames las llagas que abiertas llevo,
las de mi alma y las de mis pies.

No quiero ver tus costillas de hambre.
¡Nunca y más nunca sucederá!,
por verte sano daría mi sangre
y yo el remedio voy a encontrar.

En esta casa grande y con fiesta
por techo y comida no has de sufrir;
voy a dejarte atado en la puerta
como un regalo… de mí pa' ti.

MIJO

No sea retobado mijo, que Dios lo puede escuchar;
ándese bien derechito, no lo vaya a castigar;
que ser un hombre de bien a nadie le cuesta nada.
Y nada hay mejor ni parecido a saberse comportar.

A todos darles respeto aunque a usted no se lo den;
no sirve hacerse corajes que solo traen malestar,
mejor aceptar quien somos, ¡con buena cara, no hay más!
cortésmente y sin alardes enseñe quien es usted.

Un hombre honrado que tiene orgullo de honestidad,
de no hacerle mal a nadie, mijo… nada le cuesta;
que a la larga muchacho la virtud es lo que cuenta,
de una conciencia muy limpia… ¡que eso es la felicidad!

Que el ser pobre no es delito y vergüenza tampoco es;
mis padres y mis abuelos pobres lo fueron también,
nunca nos faltó el amor, la confianza, estamos bien.
Y cuando hay tanto cariño, la pobreza ni se ve.

Y si usted tiene el sueño de dejar esta pobreza,
yo siempre lo he de apoyar; estudie mucho en la escuela,
no hay ninguna otra manera, eso lo se con certeza;
usted les dará a sus hijos y nietos, esa vida que sueña.

NO HAY QUE SER POBRE

No hay que ser pobre, pobre pa' considerar,
a aquel que no tiene pa' darles a sus hijos,
ni un rato de escuela ni con qué jugar…

Que se parte el lomo doblado en el surco
o quitando ramajes con el azadón,
reforzando lienzos, llevándose sustos
cuando se ha caído al fondo de un zanjón.

Ver a sus padres viejitos, languideciendo nomás;
verlos morir despacito sin que lo pueda evitar.
El hambre se siente en el fuego frío,
las ollas en calma y los platos vacíos.

Y si los padres pueden llegar a dolernos tanto;
los hijos, los hijos chiquitos, duelen mucho más;
inocentes criaturitas que no pidieron al mundo llegar
y el último en intentar, muere junto con su mamá.

Hay pobrezas que con el tiempo desaparecen;
se van volviendo con poca suerte en un bienestar.
Hay otras que son porfiadas, nunca perecen;
y por más que no se quieran ahí van a estar.
Y uno pregunta: ¿por qué, por qué, por qué será?

Y pareciera que la esperanza siempre está ahí.
Que iluminando como un sol, es para todos...
pero sabemos, sabemos todos que no es así.
¡Y allí donde la esperanza se vuelve nunca!
Allí es donde queda el alma, con un pa' qué.

RESIGNACIÓN

Aquí, en mi terruño vivo.
¿Y pa' dónde me he de hacer?
Aunque parezca inactivo
aquí siempre hay algo que hacer.

Aquí vivieron mis padres,
muy pobres, pos eso es así,
pero vivieron felices
y feliz yo aquí crecí.

Hay que ser agradecido
con los padres, también con Dios;
que sin hacer mucho ruido,
nos dieron ser. Y es bendición.

Y saber que la pobreza,
te seguirá a donde vayas;
capaz que hay muchas riqueza
y solo irás a mirarla.

La pobreza en sí no es pena,
lo que viene detrás de ella;
que si trae enfermedades,
que si lisiado uno queda…

Porque sin tener recursos,
pa' uno son incurables;
y eso es si le fue bien,
otros se mueren y punto.

Así es la vida, no alcanza,
pos que le habremos de hacer;
puedes ir tras la esperanza,
lo que dejas, te hará volver.

SIN ESPERANZAS

Pa' qué sirve querer si no te quieren.
Y de qué sirve esperar sin esperanzas,
cuando solo hay miserias que no alcanzan
y los días se vuelven años, de añoranzas.

Y añorar no sería malo si se añora,
de un pasado, algo bueno que se fue;
pero añorar un pasado que adolora,
yo pregunto: ¿por qué, por qué ha de ser?

Cuando todo se hace negro yo presencio,
que hasta el alma se marchita y se hace vieja.
Y colgando tristes quedan del silencio…
los amores, los sueños, y quisieras.

Y pa' qué mirar al cielo si es tan alto,
al que nunca, de los nuncas he de entrar;
yo no sirvo pa' aguantarme mis desgracias
sin chistar… porque es de Dios la voluntad.

AL AMOR

A PESAR DE TODO

Tú y yo somos de los seres bendecidos
por la vida, por la suerte y el destino;
que han querido juntar nuestros caminos
a pesar de adversidades que tuvimos.

Y sabemos de distancias, de extrañarnos;
porque nada en este mundo, nada es fácil.
Y sentimos que morimos cuando lejos
de tus brazos y los míos nos encontramos.

Pero luego al mirarnos cuántas veces,
desatamos los suspiros y las ansias;
las ausencias al final desaparecen,
somos dos disfrutando de esos goces,
somos uno en la gloria de los dioses.

Llega la paz que parecía tan lejos,
hay ternura en tu voz que dice nada,
hay rubor en las mejillas del espejo,
hay amor, en el aire y en la almohada.

ADIÓS, AMOR

Adiós, amor.
Y perdona que este adiós sea por escrito;
no pudo ser de otra manera…
Llegó la hora y por más que yo quisiera
ser valiente y decirte adiós de frente,
contenta y feliz, como a ti te gustaba verme,
no pude hacerlo.

Desde que llegaste tú, he podido medir la magnitud,
la profundidad y el hastío de la soledad en que me hallaba;
el frío y el vacío que eran para mí ya natural,
porque ni pensaba en ello; ya no eran sufrimiento.

Ahora que te pierdo, que me voy porque así tiene que ser;
empiezo a sentir con más crudeza y desesperación
esa soledad que será mi compañera;
ahora quiero llorar, y llorar;
porque no hay pena que sane sin el llanto;
estoy consciente, ¡te amo tanto!

Es mi destino seguir mi vida y yo la acepto,
por los seres que traje yo a este mundo;
a ellos les debo entereza, felicidad
y he de lograrlas para merecerlos.

El tiempo, aliado fiel, cúralo todo, ha de ayudarme,
y yo sé que el infinito agradecimiento
por haberte encontrado y haber vuelto a sentir
junto a ti, las cosas más bonitas que la vida puede dar,
ha de provocar el milagro de la resignación
y llegará el día en que toda esta tristeza
se convierta en el más dulce recuerdo.

Siempre te pedí que nunca me olvidaras,
porque sentía morir tan solo de pensar
que un día lo hicieras;
hoy te pido por Dios que sí, que lo hagas;
que no te importe más lo que yo siento.

Ya nunca te diré cuánto te quiero;
ya no hay necesidad, nunca la hubo.
Bendito seas amor, bendito seas,
bendita tu vida y también la mía;
la de los tuyos y también la de los míos.

ALMAS GEMELAS

Casi siempre el amor es de uno,
raramente el amor es de dos;
si quieres no te quieren,
si te quieren tú no…

Yo quiero darle gracias al cielo,
por tener un amor que es de dos…
yo te quiero y me quieres
porque así quiso Dios.

Vamos juntos los dos por la vida,
compartiendo penas y alegrías,
con valor enfrentándolo todo
porque somos los dos uno solo.

Y no importa el correr de los años,
con pasión la vida disfrutamos;
no nos hacen falta juramentos
nuestro amor es confianza y respeto.

Ni siquiera pido que me quieras,
en tus ojos yo veo el amor…
tú y yo somos dos almas gemelas
y por eso, doy gracias a Dios.

ANSIEDAD

Yo quisiera saber por qué no puedo hallar
para mi alma la paz que tenía antes de ti;
me pregunto por qué, si este amor siempre fue
lo más grande que yo… que yo pude sentir.

¿Qué hice mal? Yo no sé.
Qué hice mal si querer, si tan solo quererte
y amarte por siempre es lo que sé hacer,
¿qué hice mal? Yo no sé…

Desatino infernal hay en mi corazón,
por no saber si tú me lograste olvidar…
yo quisiera saber, si es que tú alguna vez
sientes al recordar como yo esta ansiedad.

Cuando no puedo más yo te juro por Dios,
que quiero ir a buscarte y por no lastimarte
me quedo a llorar.

AVE PERDIDA

Desde que yo he partido
en contra de mi voluntad;
por caprichosos motivos
y porque mi cruel destino
me señala los caminos,
que aún debo caminar…

Soy como una ave perdida
que está muy lejos del nido,
con sus alitas heridas,
con su corazón partido;
que no sabe qué ha ocurrido,
se la llevó el vendaval
y empapada en su tristeza
solo piensa en regresar.

Soy como un río crecido
dando vueltas, vueltas locas;
embravecido, dolido;
queriendo encontrar atajos
para así poder volver
al remanso de tus brazos
y besar solo una vez más,
solo una vez más… tu boca.

CALLAR

Hay tanto ruido en torno al amor,
de todos, el más noble sentimiento;
ruidos que a veces no tienen razón;
no necesito decirte lo que siento.

Hoy quiero silencio, quiero callar
y que tú igual calles conmigo
y después de eso seguir callando
hasta que el silencio acalle
su propio silencio.

Y seguir callando hasta que la mente
olvide todo sonido y no recuerde más;
ni palabras de amor, ni palabras de nada.

Entonces sabremos conversar
y decírnoslo todo, simple y hermosísimamente
con el alma más pura, que se nos dará.

Y nos amaremos con ese amor silente
que solo ama, que nace del alma;
que solo ama, ama y ama.

COMO LAGUNA SIN LUNA

Como un árbol sin sus hojas bajo el sol,
como guitarra sin cuerdas, ni canción;
como un nopal sin sus tunas,
como laguna sin luna…

Así voy, con este amor dentro de mí;
este amor que llora cuando pienso en ti,
que no me cabe en el pecho, que rebaza el alma mía,
que se llevó mi vivir… mis alegrías.

Por volver el tiempo atrás qué diera yo,
por esa oportunidad que la vida me dio,
que la perdí en el camino, con todo lo que quería;
de la vida y del amor … yo no sabía.

COMO UN CENZONTLE

Y llegó un día la esperanza
y en mi corazón crecía
la sensación de confianza
que mi alma desconocía.

Yo no busqué situaciones
pero se dieron felices
y sin poner objeciones
acepté yo sus matices.

Tal vez clandestinos fueron
y no los sentí yo así,
cosas bellas se me dieron
que yo a Dios agradecí.

Y supe quererte tanto
como ni yo lo sabía
y supe ser tan dichosa
cuando yo ni lo pedía.

De mi canción la armonía,
de mi paso eras el ritmo,
de las horas que dormía
eras el sueño más lindo.

Y ni Dios ni tú sabían
lo que en mi alma yo guardaba
y ya tú y él se reían,
de la tonta enamorada.

Mentira fueron tus besos,
tus ojos también mentían,
mentira los sentimientos
que por mí, sentir decías.

Fatídico dos de mayo
que destruyó sin clemencia,
de mi sentir el ensayo
y despertó mi conciencia.

Y yo a Dios le perdono
porque él es dueño de mí
y aunque te puse en un trono,
yo no te perdono a ti.

Voy a secar mis pestañas
y a mirar al horizonte
y esperando un gran mañana,
cantaré, ¡como un cenzontle!

CREÍ QUE PODÍA OLVIDARTE

Creí que podía olvidarte;
creí que la distancia,
creí que el tiempo,
creí que el no verte,
creí que el no tener tus noticias…

Pero este dolor de ti es tan fuerte
y se acrecienta con cada paso
que de tus brazos me alejo,
con cada segundo que estoy lejos de ti.

En mi mente, solo están tus pensamientos
y en mi olvido… ahí sí no cabes tú.

Y yo creí que podía olvidarte.

CULPA DE TUS OJOS

Vagando van en el silencio de la noche
mis sueños rotos de dolor, entristecidos,
pidiendo al cielo que tu corazón aloje,
las rosas rojas de mi amor adolorido.

Triste destino de mi corazón amante,
sin una lógica, en tu amor empecinado;
te quiere y quiere sin pausa y delirante,
hasta sentir que muere así desquebrajado.

Con la fresca mañana todo pareciera
que un fulgor de resignancia a mí me espera,
luego a mi mente con el sol brillante llegan
tus preciosos ojos… la aparición más bella.

DESPEDIDA

Se nos acabó el camino… el camino más hermoso,
que conscientes, amorosos, y felices disfrutamos;
que nos dio tanta alegría aunque tarde comenzamos
y aunque queda lo más bello, lo más bello por andar,
el destino tan ingrato, todo nos vuelve a cambiar…

No me olvides tú mi amor, que yo nunca he de olvidarte,
mas no sé si he de volver y no sé si he de encontrarte,
nuestras vidas complicadas y el futuro es tan incierto
como solo puede ser cuando uno se ha vuelto viejo.

Dicen que el primer amor es amor que no se olvida
y es verdad, lo comprobé, yo nunca, nunca te olvidé;
dicen que el último es mejor, ¡y le agradezco a la vida!,
por haberme reencontrado yo contigo en mi vejez.

DESTIEMPO

Tristeza grande, que no imaginas, la que hay en mí;
porque supimos los enredijos del amor diluir;
porque quisimos de nuestro amor el paraíso revivir,
sin que contaran adversidades y consecuencias por venir.

Y la aventura, que fue llegando como llanura por descubrir,
la misma luego nos fue apartando, nos fue dejando sin qué decir.
Y entre la inmensidad de la tristeza y la soledad, algo moría.
Y no, no era el sentimiento que nos unía; ¡qué ironía!

El oscuro lago del vacío, aletargado, nos fue inundando
y del amor en el idilio, sin saber de repente nos quedamos…
Vislumbrando auroras queridas que no amanecieron;
como los ecos fieles, que aunque fieles su mensaje tarde lo dijeron.

Como las tristes gotas que de las tejas caen después de una tormenta…
Esas, que no alcanzaron a llegar, para la fiesta.

EL DÍA A DÍA

Sale el sol en el oriente
y su luz me hace pensarte,
ilumina igual que tú,
siempre feliz y sonriente.

El arroyo va cantando,
va contento, lleva prisa;
porque ya quisiera estar
en su mar desembocando.

A las flores al despertar
por su perfume y belleza,
enamoradas abejas
las llegarán a visitar.

Veo la tierra bostezar
y estirarse en la llanura,
en espera del rocío
que la venga a fecundar.

Y ya el sol se va ocultando
va otras tierras a alumbrar,
la noche al fin va a llegar
los amores cobijando.

Llega la luna serena
y yo recuerdo tus ojos,
sus reflejos tienen ellos
y los míos, tienen arena.

ERA NADA

Hoy me tengo que ir… lo pide la razón y en mis ojos llueve.
No podemos aplazar la separación y cómo duele.
Un camino hay ante mí, un camino sin vuelta
y lo voy a seguir, ojalá que al final haya una puerta.

Ya no importa, ya no; si lo nuestro fue amor, ni si al fin me quisiste;
no importa y yo no sé, yo no sé ni porqué me siento triste;
inminente era el adiós, tenía que suceder… lo supe siempre;
el adiós al amor, el más grande dolor que se padece.

Fui la estrella fugaz que tu cielo cruzó sin dejar una huella,
que cuando te miró de ti se enamoró y ya se iba ella;
un suspiro te robó y tal vez una mueca de amor puso en tu cara,
mas no te iluminó, tu vida no alteró… ella era nada.

ERAS PARA MÍ

Cuando éramos niños,
nos conocimos y nos quisimos.

Cuando crecimos,
tolerar adversidades no supimos.

Mas nunca olvidamos
los sentimientos que los dos tuvimos.

Y en la vejez nos reencontramos
y como locos nos amamos.

Ahora, después de tanto soy tan feliz,
que pienso y creo que estaba escrito…
¡Eras para mí!

FELICIDADES

Dedicarte una canción quisiera
hoy que es día de tu cumpleaños
y en ella poder decirte
que con el alma te quiero
y con mi corazón te amo…

Porque has sido la aurora
que amanece día con día,
fresquecita, derramada;
que me hace sentir feliz
e inmensamente amada.

Decirte lo que me gusta
que me beses despacito
y cuando me besas con ansias
que me enamoras la sangre
y dentro de mis entrañas
siento mariposas,
colibríes, arañas…
¡Oh bendición del cielo!

No le pido más al Dios,
que el hacer tu vida larga;
con salud, felicidad, amor
y tus cosas más preciadas.

HASTA CUANDO

Extraño una caricia, ¿hasta cuando, amor?
Como la aguas que temblorosas corren
hacia arriba con miedo en el parabrisas…

Así van cuesta arriba mis ilusiones,
temiendo desaparecer hechas trizas.

La vida se va y se lleva momentos
llenos de sentimientos que no han de volver.
¿Extraño una caricia, ¿hasta cuándo amor?

JAMÁS PODRÍA

Decirte adiós… jamás podría.
Sería como dejar este mundo cuando recién nacía,
porque mi tiempo contigo ha sido escaso,
porque antes de ti, yo no existía.

Sí, eso es así; no ha sido suficiente.
No te he dicho todavía que cuando cierro los ojos
te miro igualito que cuando no los cierro.

Que eres el ángel de mi guarda, así te siento yo, te siento así;
alguien que conmigo nació y que necesito, de mis días hasta el fin.

No te he dicho todavía,
que las estrellas temblorosas, temerosas de no ser
lo suficientemente hermosas para con tus ojos competir,
si conmigo ya no estás dejarían de existir.

Que cuando sobre la hierba fresca de la mañana camino,
que tú también la estás pisando yo imagino
porque necesito tu felicidad, para sentir la mía.

No te he dicho todavía que cuando te miro llegar,
lo que yo más quiero es el tiempo congelar y ya no pido más.

Decirte adiós… jamás podría,
sería como a todo en lo que creo mirarlo adverso,
¡como despojarme de todo el universo! Como morir sin Dios.

LA LUNA Y TÚ

Contemplando en soledad al cielo,
ese cielo tan sereno, tan azul;
escuchando la mar alzar sus olas,
mar que no sabe, que no sabe de quietud;
era evidente el amor entre ellos,
era evidente… un amor en plenitud.

La mar enamorada, en nubes convertida,
lujuriosa se levanta y va en busca de su amor,
que la abraza enamorado, que la goza y la divierte
y después al despedirse, es tan grande su dolor,
que una lluvia de llanto se desata.
Y otra vez los suspiros, la añoranza, la distancia.

Tengo sed de mar, me dice el cielo,
tengo sed de cielo, me dice la mar,
yo tengo sed de ti y estás tan lejos
como la mar del cielo y el cielo de la mar.

 Distancia cruel que me destroza el alma,
todo este amor quemándose en su hoguera…
igual que el sol, sin un final ni pausa
mientras la luna y tú, ni por casualidad se enteran.

LA MÁS BELLA DE LA COSAS

Qué sentir, yo no sabía
y ni qué pensar ni decir;
cuando un beso recibía
siendo yo muy jovencita,
cuando empezaba a vivir
y fue una primera cita.

Fresca era la tardecita…
muy cerca del anochecer;
una sublime caricia
que a mis ojos los cerró,
que mil sentires desató
y me hizo estremecer.

Cuando al fin mis ojos abrí
de seguro yo era otra;
que ya no era niña creí,
en su magia quedé absorta,
fue ese beso para mi,
la más bella de las cosas.

Ahora cuando lo pienso,
¡qué momento aquél tan grande!,
¡inefable, irrepetible!
Es con nada comparable,
de un placer tan inmenso…
y de olvidar, imposible.

LA VIDA SEGUIRÁ

Se enamoró mi corazón, se enamoró con toda el alma
y no quiso saber que tú eras para mí un imposible;
hoy sin piedad de mí el destino te arranca
y el vacío que dejó… el vacío que dejó, es insufrible.

Yo no puedo evitar pedir que siempre me recuerdes
y no quiero pensar que un día me olvidarás… no, no.
Como un sueño viví la gloria junto a ti, tú lo eras todo
y no es fácil decir, si ya no pudo ser pos ya ni modo.

La vida seguirá y habremos de seguir con ella,
lo que por bien o mal ya nos toca vivir, será;
mi pobre corazón lo intenta, pero no deja de amarte;
solo le pido a Dios, si he de sobrevivir, pronto olvidarte.

LO QUE ENAMORA

Yo he visto en el mundo amores tan grandes
que teniendo nada, saben darlo todo;
porque al final no son las cosas materiales,
las dulces palabras no lo son tampoco.

Es la comprensión, la atención, es el tiempo;
lo que da calor y el amor a raudales,
lo que llega al alma y la llena de aliento,
es lo que enamora, en términos reales.

LO ROJO DE MI SANGRE

Debo dejarte ir y decirte adiós no es fácil.
Porque te convertiste, amor, de mi existencia en el aire;
porque eres en mi mundo, porque eres bien lo sabes,
¡de mi ser lo más profundo! ¡Lo rojo de mi sangre!

Debo dejarte ir, porque a mí ya no me quieres;
debo dejar que tú la felicidad encuentres,
aunque sin ti la vida misma me cueste,
porque mi amor por ti, es un amor sin fin.

LUNA AZUL

Cuando la luna azul cubre la noche,
despertando anhelos que no han dormido;
que en el aire quedaron contenidos,
a mis ojos vienen a beber, dolor de hastío.

Y volverá una luna como esta
y volverá otra luna con estrellas,
cuántos amores florecerán ante ellas,
pero ya ninguna podrá ser, tan bella como aquella.

Cuando la luna azul cubre la noche
reviviendo pasiones que no han muerto,
que han estado durmiendo en un desierto,
a mis ojos vienen a beber mi desaliento.

Y volverá una luna como esta
y volverá otra luna con estrellas,
cuántos amores florecerán ante ellas,
pero ya ninguna podrá ser, tan bella como aquella.

Cuando la luna azul quiera entregarle
a mi existencia tan solo dos deseo;
le pediré que siempre alumbre tu sendero
y que en la boca, mis besos vaya a darte.

Y volverá una luna como esta
y volverá otra luna con estrellas,
cuántos amores florecerán ante ellas,
pero ya ninguna podrá ser, tan bella como aquella.

ME DUELES

El pasto, con las primeras lluvias crece.
Verde y feliz, orgulloso de sí mismo;
mi amor por ti creció con tan solo verte,
fuerte, poderoso y lleno de optimismo.

No me dices que sí y tampoco que no;
yo esperando ese sí y hasta hoy no llegó.

Esperanzas que esperando se marchitan,
sueños grandes que soñando languidecen,
almas pobres que de amores necesitan
y que en vez de florecer, solas fallecen.

MI AMOR ETERNO

Me enamoré de ti sin presentir
que tu amor me daría tanta amargura;
que tanto, tanto me iba a hacer sufrir
el sentir de tus labios la ternura.

¿Por qué tuve que encontrarte?
¿Por qué te fui a conocer?
Si antes de yo mirarte
tranquila iba por el mundo,
sin este dolor profundo
que me hace desfallecer.

¿Cómo hiciste para que yo te amara?
¿Cómo pude entregar mi vida entera,
a quien no le ha importado
ver siquiera la inmensa pena
que en mi pobre corazón ha dibujado?

No lo sé; yo no sé pero te amo.
Te amo, con toda la inocencia y la ternura
con la que puede amar una criatura
que no ha sentido penas, ni amarguras.

Te amo con todo el fuego que es posible
en la hoguera de un amor apasionado,
con toda su vehemencia y deseo inmenso de fundirse
y quedar prendida de tu cuerpo calcinado.

Te amo con dolor, por no entenderte;
si me amas y conmigo desfalleces,
cómo es posible mi amor que me atormentes,
cuando sabes que solo entre mis brazos
nuestro amor florece.

No concibo la vida ya sin ti,
cómo vivirla si no tengo tus brazos,
mi corazón se parte en mil pedazos
cuando llega la mañana y tú no estás aquí.

Te amo y te amaré hasta que el mundo acabe,
hasta que gota a gota se derrame
mi sangre toda, por tu amor infame
y en mi pecho seguirá latiendo
la llama ardiente de mi amor eterno.

Eres tú la razón de mi existencia,
el primer capítulo y el último en mi historia,
es tu amor el más cruel de los tormentos
y también para mí, la misma gloria.

MI DELIRIO

Cuando yo muera cariño, amor de mis amores;
regálame un pensamiento, solo un pensamiento;
no me mandes flores, ni tristes canciones.

No mires ni siquiera lo que fuimos,
habrá terminado ya por tu amor mi delirio;
fue tan solo un sueño, un sueño primoroso que tuvimos.

No sé si antes de la presente tuve otra vida.
Si fue así, segura estoy que de ella fuiste parte importante.
Y si tendré otra vida después de esta,
yo ruego a Dios, porque otra vez vuelva a encontrarte.

MI ÚLTIMA CAÍDA

No fuiste tú mi primera caída,
yo tuve antes de ti, mil desengaños;
amores que se fueron,
que al irse me dejaron
mi pobre corazón muy lastimado.

Tú llegaste a mi vida diferente;
no abriste mi corazón,
¡llegaste a mi alma!
Fue de gloria el amor que me entregaste,
sublime la pasión que te has llevado.

Hay momentos en que quisiera hasta maldecirte,
pero sería como negar que mi Dios existe,
que seas feliz, que nunca sepas de estas heridas;
es mi deseo, para quien fue mi última caída.

NO SABES DECIR

Tú no te imaginas,
tú no sabes nada de lo que yo siento;
porque no preguntas,
porque ha sido todo lo nuestro en silencio.

Mirando tus ojos, sé que eres feliz;
mas no me lo dices, nunca me lo dices,
no sabes decir…

Son tan especiales
los momentos todos que paso contigo,
que quiero contarte
porque me hace falta que bien lo sepas tú.

Nada se compara
con la dicha inmensa que me das cariño…
nada se compara, nada se compara.

Con el único y más exquisito placer
de apagar el fuego que traes en los labios,
que traes en las venas, que traes en la piel.

Con esa ternura, con esa dulzura;
nada se compara contigo mi bien.

NO SÉ DÓNDE ESTARÁS

No sé dónde estarás.
Qué lejano quedó aquel tiempo de la ilusión;
cuando pude besar con locura tu boca fresca,
cuando en tus brazos me adormecí.

Llenos de juventud…
De dulzura se llenó el aire y de tu reír.
Nos envolvió el amor en sus alas tibias de ensueño
y aquel momento en mí se quedó.

Si supieras que el sol…
ya no alumbra más y mi vida se oscureció;
ya la luna al pasar te dirá que escucha tu nombre
todas las noches en mi cantar.

Cuando muy solo estés;
recordando un día tu pasado, ahí estaré;
cuando mires el mar, estarás viendo la distancia
que nos separa y suspirarás.

No sé dónde estarás.
Ni siquiera sé si estoy muerta, o vivo en tu ser;
solo sé que tu voz se quedó en lugar de los sueños,
que ya se han muerto en mi corazón.

No, no pude olvidarte, no lo conseguí…

OJALÁ

Si dijimos que nadie
nunca iba a separarnos
y que con nuestro amor
todo estaba seguro.

Si dijimos que el tiempo
que durara la vida,
tú y yo íbamos a ser
ya no dos, solo uno.

Yo no entiendo mi amor,
no lo entiendo cariño;
si hasta apenas ayer,
eras feliz conmigo.

Tú sabrás
si tientas al destino,
que viviendo conmigo
te lo dio todo, todo.

Lo que vas a buscar,
de la nada ay nomás…
se te acabará muy pronto.

Ojalá,
que cuando te hayas ido,
no sientas que el camino
se te acaba de pronto.

No quieras regresar,
que te va a hacer llorar,
ese orgullo tuyo tonto.

PARA PENSAR EN TI

Para pensar en ti, no necesito amor, ni oír tu nombre;
no necesito horarios ni que sea de día o de noche;
ni tampoco del calor o el frío… la lluvia o del rocío.

Para pensar en ti, en ti mi dulce bien que siempre has sido,
quien más con tanta fuerza en este mundo me ha querido;
no necesito ya de un sol ni de una luna,
ni del rumor de una canción ni de imagen ninguna.

No existen en mi mente más recuerdos que los tuyos,
y no, no han de borrarlos ni la ausencia no el orgullo;
porque te quise y quiero como nunca ha de quererte nadie;
para pensar en ti, yo tan solo necesito amor, del aire.

SILENCIO

Un silencio eterno hay entre nosotros,
un silencio muerto que me mata el aire;
hay heridas crueles por los sueños rotos,
rumores de besos mueren con la tarde.

Un silencio eterno hay entre nosotros,
porque no supimos terminar la historia;
cobardes lo fuimos, nos quedamos cortos,
de vivirla entera… de alcanzar la gloria.

Vuelas ilusiones rumbo a ningún lado,
como tristes aves que nunca han volado;
los recuerdos grandes en mí sujetados,
con anclas de hierro corroído y pesado.

Mi pecho dolido ya calor no alcanza,
parar quisiera por paz en algún lado
y sacar de mi alma la desesperanza
y hallar el alivio para mi vedado.

SI PUDIERA YO DECIRTE

Si pudiera yo decirte
lo que siento cuando miro,
tus amorosos brazos rodeando
la que fuera mi cintura.
¡Cuánto el tiempo se ha llevado!
Y tu amor hacia mí perdura.

Con dulzura tú me dices
que mucho, mucho me quieres;
como en los años felices
tan viejos de la inquietud,
vigentes hasta estos días
de nuestra vieja juventud.

Amor si tú lo supieras…
palabras no he de encontrar,
para decirte que adoro
los pasos que das cansados,
para cerca de mí estar
y tomarme de las manos.

Adoro también tu boca
que besa como una loca,
que dice cosas tan bellas,
que las inventa a su modo,
que me baja las estrellas.

Solo agradezco a la vida
la ventura de encontrarte,
que para llegar a amarte
y ser por ti correspondida
bastaron unos instantes...
nuestro amor ya florecía.

SUS OJOS NEGROS

Mi corazón se quedó muy lejos,
allá muy lejos, junto al querer,
que nunca supo de mis amores
y sin embargo tanto adoré.

Y fue aquel siete de febrero,
con sus ojazos a mí me miró;
mi corazón se escapó del pecho,
desde ese entonces no vivo yo.

Sus ojos negros, mis dos luceros,
los que yo quiero, no alumbran más;
el solitario y triste sendero
que he de seguir, en la oscuridad.

Solitario y triste sendero, ¡ay!
que he de seguir, en la oscuridad.

TE QUIERO, DECÍAS

La más negra soledad cubría mi vida,
el más cruel de mis tormentos me agobiaba;
y cuando creí que vivir más no podría,
llegaste a mí, en aquella madrugada.

Y descubrí en tus ojos tanta vida,
que quise revivir la mía perdida;
fundir con tu alegría tanta tristeza
y comenzar contigo un nuevo día.

Bajo aquellas palmeras
muy juntitos caminamos;
yo no supe si había estrellas
pues me parecían más bellas
las caricias de tus manos.

Ya no quise ver atrás, quise olvidar el pasado;
olvidar tanta tristeza que la vida me había dado
porque ya no podía más, mi corazón destrozado.

Y volvió a mi alma la fe, ya no habría más amargura,
solo me bastó con ver tu mirada tan segura.

Te quiero, dijiste luego y había en tu voz tal firmeza,
que llené de pajarillos mi tonta y loca cabeza.

Unos brazos tendiéndose a los míos,
un corazón dispuesto a amarme siempre,
unos labios diciéndome te quiero;
un regalo que el cielo me debía.

Y lo tomé, tomé tu amor;
el regalo más bello que el Creador
pudiera darme a mí como consuelo;
te quiero, te quiero decías
y yo iba enloqueciendo;
te quiero, te quiero y sentía
por Dios, que estaba viviendo.

Y encontré felicidad en adorarte
y descubrí en tus labios la dulzura,
me creí en el cielo amando un ángel
y sentí que por fin había encontrado
la dicha que jamás yo tuve antes.

Cuánta dicha, ¡oh Dios!, cuanta ventura;
imposible contar tantas caricias,
un placer que desborda en la locura
queriendo saborear tanta delicia.

Mas de pronto desperté… ¡Todo fue un sueño!
Yo no sé si te he visto, no me acuerdo;
pero sí sé, en mi loca fantasía,
que tú dices te quiero;
con la facilidad con que yo digo, buenos días.

TE QUISE A TI

Rencores no hay,
pero hace tiempo que entendí que no es amor
lo que por mi alguna vez tu corazón sintió.

No hay para qué, no insistas con lo que ya no será;
mi corazón te diste cuenta, sabe amar;
pero ya ves, también supo olvidar.

Te quise a ti, como a la vida solo quiere un moribundo,
cuando te fuiste se desbarató mi mundo,
pude sentir la muerte junto a mí.

Y fue el amor, precisamente fue el amor que yo te diera,
quien me hizo ver que aunque mi corazón muriera,
sabría desearte lo mejor y por tu bien, dejarte ir.

TU NOMBRE

He querido olvidar,
después de tanta ausencia y soledad;
aunque esto me parta el alma,
debo desistir, debo alejarme,
debo empezar a mirar para otra parte.

Sí, sí, si. ¡A cualquier parte!
llegué ayer a esta conclusión;
pero esta mañana fui a caminar al parque,
por primera vez desde que no te veo;
ya casi tres meses hace.

Sí… fue el seis de diciembre y ya terminó febrero.
¡Dios Santo! ¿Por qué los meses duran tanto?

Ahí en el parque escuché tu nombre;
unos niños que jugaban lo decían y lo gritaban
y en ese momento me di cuenta…
¡Qué imposible será dejar de amarte!

Tu bendito nombre está grabado con lumbre,
como alguna cosa de arte dentro de mi corazón,
en mi mente, en mis oídos, en mi boca;
me corre por la piel igual que el sol. Me arropa…

Ahora sé que nunca podré olvidarte.
¿Pero hallaré resignación y no volveré a buscarte?
Solo sé que siento granitos de sal en mis ojos,
un vacío muy grande entre mis brazos
y que me dueles, desde el pelo a mis zapatos.

TU OLVIDO

Voy a dejar de sufrir, el día que pueda olvidarte;
voy a saludar al sol como lo hacía al levantarme,
cuando salía en el oriente tibiecito y tan brillante,
que me alegraba la vida tan solo con alumbrarme.

Voy a mojarme en la lluvia, voy a nadar en el río,
voy a llenarme de luna sin importar si hace frío;
voy a mirar las estrellas, como cuando eran fugaces
que las quería yo atrapar o con ellas irme de viaje.

Quiero sentir esta vida que no he sabido vivir,
pediré a los cuatro vientos me traigan nuevos aires
y a las olas de la mar que me besen y me abracen.

Hay olvidos que aparecen como un dulce atardecer,
algunos llegan con prisa, mas no duelen ni lastiman;
creo por el contrario, que lo curan todo y animan…

Pero entonces el tuyo, ¿se perdió en algún momento?
Dime: ¿tienes idea de que un día va a aparecer?

TÚ TAN LEJOS

Tú tan lejos de mí
y yo de ti tan cerca.

Tú buscando imposibles,
yo siguiendo tus pasos.
Tú mirando al infinito,
yo contigo soñando.

Almas rotas del pasado,
ojos ciegos al futuro,
como tiempos perdidos
en mitad del presente.

Si pudieras hallarme;
soy la sombra que pisas,
soy tus ojos cerrados,
soy silencio en tu boca.

Tú tan lejos de mí
y yo de ti tan cerca.

UN VELERO

Fue mi lecho un velero que en la noche
galopando entre las olas me llevó;
hasta allá donde se juntan con el cielo
y de la bruma y de mis ansias se cubrió.

Creo que todo comenzó con un suspiro,
y de murmullos todo el aire se vistió,
fue llegando poco a poco hasta el delirio
y un placer inefable apareció.

Y al volver de aquel viaje furtivo
y mirar que el viejo espejo enrojeció…
¡Oh mi Dios! ¿Qué será lo que he vivido,
que el firmamento todo se estrelló?

Yo no sé si se me han muerto los recuerdos,
o si solo es que no quieren despertar;
los bendigo y con un beso yo los sello
y los dejo exactamente como están.

USTED

Esta pandemia tan cruel, con horror nos ha robado
el tiempo que teníamos para los dos adorarnos;
para darnos el amor que habíamos recuperado,
ese que la vida después de tanto quiso darnos.

A veces pienso que no volveremos a mirarnos
y tan solo de pensarlo se me nubla la razón;
con el alma nos amamos, mil fotos nos mandamos
y sabernos en peligro hace crecer este amor.

Quisiera poder llenar a mi corazón sufriente
con recuerdos de las cosas que contigo disfruté
y pasa por instantes, pero nada es un suplente
a los brazos amorosos y a las caricias de usted.

YO PREGUNTO

Cuando miro al sol en mi ventana
le pregunto si ya te ha despertado;
y respiro el aire fresco en la mañana
y le pregunto si también lo has respirado.

Cuando por mi familia pido a Dios,
le pregunto si por la tuya ya pediste.
Cuando miro que la lluvia al fin llegó
le pregunto si un paraguas te trajiste.

Cuando paso por la plaza le pregunto
si viniste a limpiarte los zapatos,
si esperaste en la banca por un rato
o si rápido tuviste la atención.

Y pregunto al precioso atardecer,
si lo miras desde allá donde tú estés;
si tus brazos de los míos se han olvidado
y si sufres como yo, de esta pandemia cruel.

Cuando miro la luna le pregunto
si mis besos todos te ha entregado;
bajo un cielo precioso y estrellado
o si estuvo nublado y no te vio.

Yo pregunto…

A LA MUERTE

GOLONDRINAS

Golondrinas que llegaron a mi tierra,
de muy lejos, sabe Dios de qué lugar;
que quisieron darle a su alma aventurera
el orgullo y el placer de aquí llegar.

Golondrinas que con barro y salivaje,
han sabido sus niditos construir;
no se marchen sin en sus alas llevarle
un mensaje a mi hijo, mío de mí.

Sin decírmelo y sin darme ni un abrazo,
como ustedes un día también se me fue;
ustedes volverán el mes de marzo,
él ya nunca, nunca más ha de volver.

Si lo miran por allá en el infinito,
donde esté, ustedes háganle saber
que de mi alma necesito el pedacito,
que con él aquella tarde se me fue.

Esperando yo estaré con impaciencia
a que vuelvan y la paz encontraré;
porque sé que me traerán su esencia
y en ustedes yo a mi hijo lo veré.

KELLY

El mismo cielo se abrió
esa mañana de octubre,
dejando conscientemente
escapar un angelito.

El que más dispuesto estaba,
y también el más bonito.

Envuelto venía en una nube,
¡una nube de oropel!
Insospechadas ternuras
traía consigo esa gotita de miel.

Vi la luz más hermosa que la aurora
a través v de sus ojos de cristal;
en mis brazos, ¡del mismo Dios la gloria!
Lo divino unido a un ser mortal.

Y los ríos de mis ojos desbordaron,
al perder ese hijo mío que yo parí;
al olvido no le dejo mis recuerdos,
porque en ellos he cifrado mi existir.

LAS GRANDES COSAS

Hoy tengo ganas de llorar… Han pasado veinticinco años desde que él se fue de mi lado. Y no solo de mi lado; también del lado de su padre, de sus hermanos, de sus amigos, de las jovencitas que amó y lo amaron; de su perro.

Me dijo que iría al cine con dos de sus amigos, que volvería temprano; no me dijo ni yo imaginé que sería la ultima vez que nos mirábamos; salió con mucha prisa, con su eterna sonrisa que mostraba sus dientes finos; se despidió con un *see you later*; sus pestañas mojadas todavía por el baño, sus ojos a la luz del sol que también se despedía en el ocaso, parecían más verdes y transparentes; como las piedras más preciosas y yo pensé, ¡qué hijo más bello tengo! Yo sabía que era bien parecido, pero nunca lo pensaba y ese día en particular me pareció tan divino; 20 años tenía. A los 20, las inquietudes se desbordan y los sueños son tantos y tan grandes. Músico, compositor y mecánico, aunque en un viaje a Colorado intentando abrirse paso, junto con su hermano gemelo, Randy, trabajó limpiando los chacuacos de la Central Eléctrica de Carbón "Comanche" y después dos turnos paleando grava para las vías del tren. No le temía al trabajo y si fuera necesario lo hubiera vuelto a hacer.

A sus inquietudes, sus sueños, sus alegrías, sus amores, su entusiasmo y su música, una bala atravesó. La noticia llegó y en el más profundo dolor y desconsuelo han quedado sus padres, sus hermanos, sus sobrinos, sus amigos, sus novias y su perro.

Perder un hijo es todo perder. Y seguir viviendo es vivir muriendo, mutilado y torpe; falta ese pedazo del alma que se fue. Y así la distancia… distancia que duele, que nunca se acorta; la distancia eterna, de las grandes cosas.

See you later (te veré luego)

GREG

Cómo hacer para enterrar un querer
que supo darse entero,
que me amó con fe, con devoción;
que siempre fue tan tierno…

Que se fue para nunca volver,
me lo ha robado el cielo;
sin una explicación,
sin un aviso previo.

Era él, un maravilloso ser
que supo amar la vida;
que ironía, nadie la amó como él
y no alcanzó a vivirla.

Una luz que se apagó y dejó
tinieblas en el alma,
para nunca volver
a ver una alborada.

Dónde estás, me canso de buscar
de día en el infinito,
de noche en las estrellas,
dime Dios, ¿en cuál de ellas,
en cuál de ellas?

Sabes bien, si me das a elegir
entre mi vida y la de él;
sin pensarlo siquiera la daría,
te la he dado, te la he dado.

En su verde mirar,
cómo quisiera hoy
volver a estar.

LA MUERTE

No me gusta la muerte
por imprevista, por cruel;
porque siempre está presente,
logrando enchinarnos la piel.

Porque se lleva lo mismo
a los adultos que a niños,
sin pedirles ni permiso;
sin compasión, sin cariño.

Y sin decirles ni siquiera
a dónde los va a llevar;
se los lleva, ¿y a los demás?
Llorando mucho nos deja.

Si nadie ha vuelto jamás,
el viaje es definitivo
y no vale ser esquivo,
porque igual nos va a llevar.

Entre tanto hay que soñar,
disfrutar cada momento
y con paciencia esperar
a que un día seamos los muertos.

Y ojalá que sea muy cierto,
que en el más allá veremos
a los seres que queremos;
ojalá que sea muy cierto…

LOS TIEMPOS IDOS

¿Cómo poder olvidar
los tiempos idos,
que se fueron sin dejar,
ni siquiera la esperanza
de volverlos a sentir?

¿Cómo hacer para lograr
el pensamiento programar,
enfocarlo en el futuro
y el pasado dejar ir?

¿Por qué dos de mis amores,
de los grandes que he tenido
para el cielo se me han ido?
¡Esa ausencia sabe a horrores!

Mil recuerdos me dejaron,
disfrutarlos no he podido;
mis días son desesperados,
ellos ya no están conmigo.

Creo que alguien se equivocó
y algunos padres no bendijo;
es cruel e inhumano el dolor
de enterrar a nuestros hijos.

POR QUÉ OSCURECE

No habrá consuelo para mi pena.
Recuerdos dulces a mar me saben;
puedo decir que ya no me alegra,
ni ver sus fotos ni sus ajuares.

Hoy en la tarde su nombre escuché,
¡me volví loca yo de contento!,
aún no entiendo ni entenderé,
¡por qué no vino en ese momento!

Miro la casa, la veo vacía;
ya en el espejo solo estoy yo,
cierro mis ojos, solo los míos;
siento sus brazos, los míos son.

Llega la noche, la noche mía
y llega tan negra como vacía;
llega augurando sin alegrías,
a la tristeza de un nuevo día.

Luego en la cama siento el hastío,
miro la almohada que ya creció;
ya las cobijas no curan su frío,
el sueño mío ya se marchó.
¿Por qué oscurece? ¿Por qué mi Dios?

QUÉ NO DIERA YO

Te llevaste contigo mi alma, cuando te fuiste;
sin ella me quedé y estoy tan triste.
Cómo quisiera yo que regresaras,
así como al marcharte prometiste.

Quién me iba a decir, que en esa tarde Dios te llevaría con él,
quién me iba a decir que en esa tarde yo, yo moriría también.

Qué no diera yo por mirarte otra vez cruzar la puerta;
la puerta que quedara para ti, por siempre abierta.

Qué no diera yo por verte como el sol de cada día,
iluminar mi vida como solo tú lo hacías.

Qué no diera yo; por verte amanecer con cada día.

TEMAS DIVERSOS

ABRE EL CORAZÓN

Amanece el día
y la vida mía tiene ya un motivo para sonreír,
suenan las campanas que hay dentro de mi alma
y hacen a mi pecho más fuerte latir.

Amanece el día con la melodía
que todas las aves vienen a cantar;
abre el corazón, abre el corazón,
este nuevo día te dará alegría, abre el corazón.

Escucha la risa de la suave brisa,
que con tanta prisa viene desde el mar;
para acariciar tu cara, tu pelo;
disfruta su empeño, déjate besar.

Amanece el día y con alegría
hoy bajo la lluvia ¡vamos a bailar!
Abre el corazón, abre el corazón;
este nuevo día te dará alegría, abre el corazón.

Contempla las flores que con sus colores,
su suave perfume y su fragilidad;
te quieren decir y hacerte sentir,
que este mundo entero fue hecho para ti.

El amor que Dios nos da por igual
puede siempre darnos la felicidad;
abre el corazón, abre el corazón,
este nuevo día te dará alegría… abre el corazón.

A CLIFF

Duerme cariño mío
duerme mi corazón;
que yo velaré tu sueño
para que no sientas frío
ni te espante algún ratón.

Duerme tranquilo que mami
estará de ti muy cerca,
besará de vez en cuando
tu naricita de fresa
y se quedará contigo,
hasta que Dios amanezca.

Yo quiero velar tu sueño
para siempre mi pequeño,
pero el tiempo con tanta prisa
hace que vayas creciendo,
que pronto te irás cariño
y yo ya no podré hacerlo.

Cómo quisiera que Dios
me mandara un ángel bello,
que te cantara canciones
de las que canta en el cielo.
Sueña mi niño, sueña mi amor,
sueña conmigo mi corazón.

¡Ya se despertó mi encanto!
¡Ah!, y se estira como un gato
y esa sonrisa me dice
que tuvo sueños felices.

¡Cuántos abrazos, cuántos besos!
¡Oh qué bello despertar!
Dios te bendiga criatura
por tanta felicidad,
que le das con tu ternura
a tu orgullosa mamá.

AZUL

Una tarde en Bucerías
y que no fue cualquier tarde;
fue aquella en la que el sol,
de todo su esplendor
estuvo haciendo alarde.

Esa playa cautivando
con sus arenas de tul
y el agua tibia aguardando
vestida toda de azul.

Era lindo de verdad aquel paisaje
y la brisa nos daba su frescura,
¿será que en tu compañía todo complace?,
no lo sé, pero mejor fue ir descubriendo
de tu alma la hermosura.

Y en medio de tanta belleza
esa tarde yo sentí tristeza, ¿recuerdas?,
al ver el azul que la distancia deja.

Ahora me explico, ahora lo entiendo.
Fue el presentimiento de que partirías,
que pronto al no verte iba a recordarte
con solo mirar a la lejanía.

Amigo, mi amigo, ¡cómo he de extrañarte!
Si apenas te fuiste y ya me parece
que el sol y la luna no brillan lo mismo.

Un extraño sentimiento que no puedo definir,
es el que ahora me invade, después de verte partir.
Y miro hacia el cielo y miro hacia el mar,
mis ojos se nublan pues miran tan solo,
la enorme distancia, que quizás por siempre
nos va a separar.

DISTANCIA

Es azul, muy bonito el color de la distancia.
¡Tan infame, como lo más negro del olvido!
Como es el sueño más infeliz de la constancia,
cuando el alma entristece pensando en lo querido.

Cuántos años, semanas y horas esperando,
a que al fin sea la cercanía quien me acompañe;
con esa ilusión mucho más cruel que los engaños
y vagando entre el azul y el negro por cobarde.

Y mirando nomás yo mirando esa distancia,
que solo crece y crece sin que se pueda evitar;
por Dios que hay días sin tan solo una esperanza,
que tener quisiera yo, ¡el coraje pa' olvidar!

ESPERANZA

Ah… los últimos minutos
que me quedan en la cama;
son los que yo más disfruto
de todita la mañana.

Y tener que amanecer
cuando más dormida estaba,
cuando en un precioso tren
que yo viajaba soñaba.

Luego la mente se estresa,
a fuerza he de despertar;
¿dejar lo que me interesa
para irme a trabajar?

Y ni modo hay que seguir,
son así todas las reglas;
para de hambre no morir
uno a la chamba se integra.

Y hay que ver cuántos lo logran
yo no entiendo cómo le hacen;
las horas se alargan todas
y a mí me urge que pasen.

Luego me acuerdo del tren
en el que yo he de viajar;
¡en el Maya irme a Chichen!
Y me apuro a trabajar.

Yo he de ser de las primeras
que disfruten ese viaje
y tendré todo el dinero
para muy buen hospedaje.

Guacamayas de colores,
que veré así de muy cerca;
de esa ruta los albores,
de los mayas su grandeza.

En Izamal me estoy viendo,
orgullosa y trabajando;
entre arqueólogos saliendo
y cosas desenterrando.

Y dicen que desde aquí,
han descubierto tesoros
hasta allá, hasta Calkiní
y sabrá Dios cuantos otros.

Debe ser lindo el progreso,
creo que voy a investigar
y con un pequeño esfuerzo,
mi vida la voy a cambiar.

Y no es ningún espejismo
se los puedo asegurar;
voy a estudiar periodismo,
¡y un placer, será trabajar!

ESTACIONES DE MI VIDA

Ya se fue mi primavera,
se fue como un ventarrón,
caprichosa, aventurera;
la reina de la ilusión.

Y dejó por donde quiera
vestigios de una quimera,
que mi corazón sintiera
por algún naranjo en flor.

Mi verano se fue también,
¡ah… mi verano ardiente!,
como un sol que de repente
se derretía de pasión.

Que se mostraba amoroso
y a veces también celoso,
de las huellas que dejara
esa anterior estación.

Y cuando el otoño arribó
las mañanas ya eran cortas,
se iban cayendo las hojas
y así la conciencia llegó.

Los recuerdos se amontonan,
empezaba yo a extrañar
las cosas que no retoñan
y hubo ganas de llorar.

Pero el invierno llegó
antes de lo que esperaba
yo creí que partiría
justo cuando a mí llegara.

Me abraza y tiembla conmigo,
y es tan dulce su cantar;
su sabiduría infinita
y muchas sus ganas de amar.

Las gracias a mi Dios le doy
por esas cuatro estaciones;
si mañana es que me voy,
¡viví las cuatro a montones!

GRACIA

Es saber lo que es la gloria,
sin tener que buscar con frenesí;
hallándola tranquila y solitaria,
esperando a derramarse sobre ti.

HASTÍO

Fue una promesa de amor
en el umbral de mi vida;
fue una, tan solo una.
Únicamente la mía.

Y amontonando silencios,
instintos, sueños dorados;
escondidos, bien guardados,
como invisibles tesoros.

Fueron pasando los tiempos
hasta agotarse los años;
claveteado en la pared,
solo el hastío ha quedado.

INGRATITUD

Dijiste te quiero.
Y a luego, lueguito yo me enamoré
y fuimos formando un hogar tan bonito
pa' todos los hijos y nietos también.

Cómo fuimos felices
mirando esos hijos y nietos crecer;
en aquel ranchito donde a nuestros padres
también los pudimos ver en su vejez.

Vendimos el rancho.
Y aquí nos venimos a la gran ciudad,
porque nuestros hijos no querían el campo,
aquí había para ellos oportunidad.

Bonito era todo, ¡moderno, grandioso!,
pero pa' nosotros todo se acabó;
hoy que estamos viejos es muy doloroso,
que al asilo pronto iremos los dos.

Mi viejita linda, cómo protegerte,
cómo defenderte de la ingratitud;
mi silla de ruedas me impide moverme,
¿por qué no fue eterna nuestra juventud?

Mi viejita linda, abrázame fuerte;
sé que nuestros hijos lo van a pagar;
que Dios no permita que veamos nosotros,
pero a ellos lo mismo les puede pasar.

LA SOMBRA

Cuántas veces viajé en avión
y a tantísimos lugares;
no podría enumerarlos,
fueron todos tan excitantes…

Siempre pedí ventanilla
para así yo poder mirar
los azules que al piloto,
de azul le pintan los ojos.

Y quien me habría de decir
que en ese preciso viaje,
se me daría el descubrir
el amor más puro y grande.

Llegando a Dallas un día
viniendo de Los Ángeles
vi una sombra que corría
como un rayo en los árboles.

Luego muy grande se estiró,
por los llanos se arrastraba,
todo oscurecía a su paso
¡y mi respiración cortaba!

¡Nada impidió su carrera
ni arbustos, ni matorrales!
¡No hubo una pausa, una tregua!
Como el amor de una madre.

En un momento suspiró,
fue aminorando su prisa;
subió y corrió por la pista
y muy calladita se quedó...
Justo al lado de su avión.

LA VIDA

Partiré un día de este mundo;
la vida se acaba, se acaba, se va.
Y ya seré solamente, para algunos un recuerdo.

Y cuando ya me haya ido, de seguro habré vivido
lo que me tocó y también lo que he querido;
con los años que me concedió, habré cumplido.

Las penas que a mí me dio no pasaron a la historia;
supe sufrirlas, no las olvido y a algunas aún las lloro.
Que para olvidarlas no tengo una razón obligatoria.

Y las tantas alegrías que me dio y me sigue dando,
no cualquiera las vivió, fueron todas especiales;
han sido la alegoría que me sigue acompañando.

Mis hijos, grandes tesoros, ¡lo mejor que a mí me dio!,
orgullo de mis orgullos, quiero decirles hoy:
nunca dejen de soñar, de sentir y dar cariño.

Ser personas honorables sin hacerle mal a nadie.
Que el amor a la familia no se pierda en las distancias,
que no olviden sus raíces y que en Dios tengan confianza.

Las gracias yo quiero darles, a mi familia completa,
a mis amigos sinceros, a mis vecinos de ayer,
a mis vecinos de hoy, porque sin duda ellos fueron
por quienes soy quien yo soy.

Me tocó y es mi gran fortuna el haber nacido aquí;
México grande, tierra de sol y de luna,
¡preciosa como ninguna! Y Dios la eligió para mí.

LOS NIÑOS

Preciosísimas criaturas
tan frescas como el rocío,
con su infinita ternura
y un cerebrito vacío.

Desde el cielo o de París
uno a uno van llegando,
trayendo un mundo feliz
para jóvenes y ancianos.

Y nos cuentan cosas raras
y reír nos hacen tanto;
son brillantes, son tan claras,
llenas de luz y de encanto.

No todos tienen la suerte
de encontrar padres perfectos
que les llenen el coquito
con los más altos preceptos.

Yo tuve cerca unos cuantos,
del mundo los más bonitos;
¡los amaba tanto, tanto!
Hoy en día, mis favoritos.

MADRECITA MÍA

Madrecita, madrecita;
Este día quiero cantar
y decirte mi viejita
lo bonita que tú estás.

Porque es día
de tu cumpleaños,
cumpleaños número cien;
Jesucristo te bendiga
y a tu familia también.

Ojalá ya no recuerdes
las penas que yo te di,
solo sepas Felipita
que por ti ya estoy aquí.

Para velarte los sueños
como velaste por mí,
cuando yo era pequeñita,
no te apartabas de mí.

Madre, madrecita mía,
déjame cantarte en este tu día;
madre, madrecita mía,
hoy quiero entregarte a ti
mi corazón.

ME HICE VIEJA

¡Me hice vieja!
Y no porque hubiera querido,
ni lo planeé, ni lo sentí tampoco;
pero cuando acordé, hace apenas muy poco,
me di cuenta que soy una vieja.

Descubrí que tengo arrugas, no las había notado;
el espejo me sacó de dudas, ¡si parezco una pasita!
Que envejecer era doloroso yo siempre lo había pensado
y aquí está lo novedoso ¡no duelen y yo sigo siendo bonita!

Al fin llegó la vejez y hay que ver si se esperó.
¡Con los años que yo tengo!
Creo que andaba distraída haciendo viejas a otras,
mis vecinas, mis amigas… con ellas sí se pasó.

Arrugadas las he visto, jorobadas, con bastón;
una que otra ya camina despacito y con dolor.
Y qué me dura a mi alcanzarlas y pronto ha de suceder
y siendo todas viejitas, quién va a criticar a quién.

Llegó también la liberación;
a nadie le va a importar si me visto de morado,
si traigo el vestido al revés con un moño colorado.
Mientras pueda caminar, la vida voy a gozar;
con o sin la razón, todo lo haré con mi corazón.

Las arrugas ahí están y creo que carácter me dan.
Y más vale que me gusten porque va a haber muchas más;
mis rodillas sí se quejan, pero no les hago caso,
que si de ellas me creyera, toda yo sería un fracaso.

El espejo lo rompí, malhaya si me hace falta,
pero guardé un pedacito por si acaso, por las dudas.
¿Qué tal que con las arrugas el labial un día se escurra?
¡Eso sería terrible, desastroso! Y triste me deja.
¿Qué tal que mi amor me viera? Y que sin querer él creyera,
¡que ya me volví una vieja!

MIS CUADROS EN LA PARED

Mis cuadros en la pared, ¿cómo llegaron ustedes?
Tan iguales, tan distintos, tan amados y tan fieles.
Compañeros de mi vida que la magia han tenido
de acortarme las distancias con mis seres más queridos.

Me han sabido conocer como mi Dios solo lo hace
y bajo su discreción absoluta, mi fe subyace;
silenciosos ahí están y son mis mejores amigos,
de mi vida santa y loca son mis únicos testigos.

MIS RECUERDOS OLVIDADOS

Los recuerdos a medias cómo duelen;
los recuerdos perdidos, mucho más;
ya aunque quiera concentrarme no consigo
cuántas veces lo que digo coordinar.

Todavía tengo recuerdos de mi madre,
que apurada le meneaba a la cajeta;
ordeñaba las vacas en un balde
y después regando todas las macetas.

De mi padre tengo muchos, muchos más;
me enseñó a labrar la tierra y a sembrar,
a rezar el rosario de rodillas
y a apoyar en lo que pueda a los demás.

A mis hijos… yo no sé si he de olvidarlos,
¿qué cuentas voy a dar si se me olvidan?
Lo más valioso que a mí me entregó la vida,
lo más sagrado; para amarlos y cuidarlos.

Recuerdo cuando seis eran todavía,
me abrazaban a la vez, no uno por uno;
que corrían sin parar y que reían,
no podría yo olvidarme de ninguno.

Yo los miro preocupados y pregunto:
¿es que ya descubrieron mi problema?,
qué triste será para ellos este asunto,
queriéndome ocultar a mí su pena.

Tengo nietos y bisnietos tan pequeños,
ya sus nombres no puedo ni mencionar;
no sé a dónde ni por qué pero se fueron,
de entre todos cuando menos la mitad.

Yo los busco debajo de la cama
y también arriba del papayo;
no se si los dejé allá en el mercado
o si van a regresar por la mañana.
Solo Dios, solo Dios.

Tuve un amor a quien tanto yo he querido,
por quien también he sufrido yo lo puedo recordar;
No sé si nuestro amor fue clandestino,
o simplemente lleno de fatalidad.

Las estrellas le brillaban en sus ojos,
que eran negros, más negros que la noche;
hoy en mi vida tan llena de abrojos,
ya no puedo recordar su dulce nombre.

Me decía: mi güerita, mi chiquita, mi bonita;
con ternura y con lujuria me besaba
y cuando a veces de tanto pensar me canso,
puedo verlo verde, como un medio naranjo.

Yo lo he de amar ¡y lo he de amar y lo he de amar!
Aunque llegue a olvidarlo por completo;
la vida quiera guardarme el sentimiento
que me ayudó a vivir, a sonreír, que me llenó de aliento.

El olvido cada día me está obligando
a que olvide, esa es su única misión
y así sin un por qué se va acabando
en mi mente, el poder de retención.

Oh mi Dios, ¿qué he de hacer con mis recuerdos?,
no los quiero perder, pues de ellos vivo;
guárdamelos tú, por caridad te pido
y me los vuelves a dar, al llegar allá contigo.

NO ERA TIEMPO

Tanto me quiere mi tierra, ¡tanto me quiere!
Que me hizo caer en una tumba del panteón;
pude ver las caras largas de la gente
y sentí la paz infinita de tan buen anfitrión.

Ese campo santo, santo, que no niega,
un lugar a los que su alma entregan;
a todos por igual sin queja los recibe
y su estadía es para siempre… no prescribe.

No se mueve, ¿estará muerta? ¡Qué muerta había yo de estar!
Los que miraban eso creían. Un hombro se dislocó;
si no haya sido por eso, yo solita de allí me salgo y me voy
y nadie ni cuenta se hubiera dado y ni habrían de preguntar.

Y de allí donde a todos los bajan y dejan,
con el mismo respeto y atención me sacaron;
pronto nos dimos cuenta, cuando al hospital me llevaron
que ni un hueso se rompió, ninguna herida me aqueja.

El caer en lo sagrado, yo no creo que sea un pecado;
una bendición ha sido, un privilegio lo fue;
que de ahí hubiera salido sin un rasguño en la piel.

A Mascota, mi tierra querida, la tierra mía;
que tal vez imaginó que ya nunca volvería
y de una vez cobijarme quiso.
A ella con amor bendigo y le digo:
¡no era tiempo todavía!

PREÑEZ

No hubo nunca tanta felicidad,
dicha más grande,
agradecimiento más profundo a la vida,
a la suerte, al Ser Supremo.

Que el saberme bendecida, embarazada,
por el hombre que supo conquistarme
con su amor, atención y su calor humano.
¡El hombre de mis sueños!

El universo completo vino y se puso a mis pies;
todo, todo era perfecto y lo quise mejorar;
quería que fuera sin par, lleno de amor, de luz, de paz;
el mundo que a mi bebé al nacer yo le quería regalar.

Me imaginaba sus ojos, serían los de su papá
y habría de correr por el patio ¡y me llamaría mamá!
Y jugaría conmigo y yo le habría de enseñar
las cosas que a mí de niña me enseñaron mis papás.

Oh felicidad divina, ¡al fin te pude encontrar!
La preñez, ¡el estado perfecto de cualquier mujer!
Yo deseaba un hijo mío solo de ti.
Y su nombre si era niña, ¿iba a ser el de tu ex?

PRIMAVERA

Después de un largo invierno
llegó al fin la Primavera;
los aires se han vuelto tiernos,
se entibiaron las praderas.

Y verdes frescos empiezan
a brotar en tantos tonos,
que en el corazón albergan
alegría, esperanza, todo.

Ah… las flores tempranillas,
son las primeras que brotan;
como lindas jovencitas
vestidas de color de rosa.

Pintando vienen la loma
las preciosas maravillas
y temerosas se asoman
una a una las begonias.

Y las malvas primorosas,
blanquísimas azucenas,
con sus espinas las rosas,
jacarandas tan serenas.

Vuelven las aves cantoras
trayéndonos sus conciertos;
alegrando las auroras,
endulzando los momentos.

Mariposas vaporosas,
tan frágiles como hermosas,
presumiendo sus colores
se confunden con las flores.

Y se irá la primavera
dejándonos su alegría;
colores por donde quiera
y llenos de algarabía.

Bellísima primavera
que a los viejos das confianza,
de tener en nuestro invierno
de tu ternura esperanza.

QUÉ COSAS

Verde era el ropaje que vestían los matorrales
que rodeaban los corrales en el rancho de mi padre.
Y luego esos matorrales de repente florecían,
bellísimas maravillas con las que hacíamos collares.

Aquellos tiempos de grama fresca, felices de la niñez,
donde crecíamos igual que las plantas silvestres,
cuando todo era novedoso, reinaba la sencillez.
Cosas de bendiciones, casualidades o suertes.

En el arroyo que corría, de la casa muy cerquita,
nadábamos y jugábamos con piedritas de colores,
queríamos hallarlas todas, tan bonitas, tan lisitas;
la niñez con mis hermanas, de mis años los mejores.

Columpios en los mezquites, caminatas por el cerro;
aprovechadas para de paso bajar todos los becerros
y en la mañana temprano bebíamos leche caliente
y de vez en cuando también nos tocaba con piquete.

De repente en tiempo de aguas cuando todo era silencio,
la lluvia allá en la roblada acá fuerte se escuchaba;
que salíamos a mirar lo indescriptible, ¡nos dejaba sin aliento!
Tormentas enfurecidas que ahí se desbarataban.

Con las hojas de la milpa antes de que elotes hubiera,
envolvíamos los tamales hechos de masa y ceniza;
que cosas las que comíamos y tan ricas quien creyera,
lo mejor era cenarlos pa' que no fuera con prisa.

Y cortábamos elotes cuando estaban muy tiernitos
para con ellos hacer de sal otros tamalitos;
ya después de piloncillo con canela y mantequilla.
¡Qué temporadas aquellas! ¡Qué bonita mi familia!

Con flores de calabazas temprano las quesadillas,
¡vida hermosa la del rancho!, también comíamos ardillas
y paseábamos los puercos; todo trabajo nos divertía;
cómo era yo feliz, cuando era niña y en el campo vivía.

Cosas que aunque quisiera no las acepta el pasado,
cosas que están fresquecitas, no marchitan, son presente;
cosas de no cualquiera, cosas de afortunados;
cosas de bendiciones, casualidades o suertes.

QUE ME PERDONE MI MADRE
(Monólogo)

Ya no sé ni cuántas penas esta vida me ha costado, tampoco todas las veces que yo las he superado; fue desde mi niñez en que lloraba por nada, tal vez porque presentía la vida que me esperaba.

Mi juventud se me fue sin ilusiones ni anhelos y yo supe del amor porque en mi pecho lo traigo, porque llena de él nací, no porque alguien me lo diera ni me lo haya hecho sentir. Traiciones, desengaños, humillaciones, desprecios, todo lo conocí; pero luego te encontré y cuánto te pude querer; ¡como a nadie en este mundo! Eras alguien que escuchaba lo que yo quería decir, que adivinaba desde antes, que me leía el pensamiento, que me robaba el aliento con su reír sin igual; con su mirada borraba cualquier nube que quisiera oscurecer mi vida al pasar; que con su voz tierna y dulce, también sabía mis angustias y mis penas consolar.

Sentí un calor tan profundo muy dentro del corazón, como quemando con lumbre, purificándome toda de agravios y desengaños. ¡Todos mis males borró! A tu amistad desnuda no quise verla y la vestí con las ropas más lujosas de mi amor. ¡Cómo me gustaba verte! ¡Verte llegar, solo verte! Cómo adoré los momentos que juntos pasamos simplemente disfrutando del ambiente que se creaba entre tú y yo; hablando de todo y de nada, entre risas, carcajadas, trabajando largas horas en lo que más nos gustaba: fabricando muñequitas de muy fina porcelana.

Llegó una noche el deseo y en tus brazos yo me vi. Cuánta ternura ¡oh mi Dios! No lo merezco. Cómo es posible que yo entre mis brazos sostenga la gloria misma, pensaba y llena de amor, de ilusión, te dije: "te quiero más que a mi vida". Y me miraste temblando y me apretaste a tu pecho, me dijiste: "no me ames, no es posible; quererte así yo no puedo. Solo disfrutemos hoy lo que tenemos, ¡que es infinito y afable!, que es tan lindo y es tan nuestro. Yo no quiero que se acabe".

Me incorporé lentamente, te pedí que te marcharas. Y llorando enloquecida de dolor me encaminé a la cocina, tome el cuchillo más grande y quise decirle adiós a esta vida miserable. Preguntaba yo por qué, ¿a quién podía reclamarle? Vino a mi mente mi madre y le reproché primero el haberme dado el ser que no le pedí y que no quiero. Creí verla allá en el cielo entre nubarrones negros llorando mi triste historia. ¡Si se supone que llanto no debe haber en la gloria!

Caí entonces de rodillas, entendí cosas muy grandes; de repente aquí en mi mente se aclaraban las corrientes de mis más negros pesares. ¡Perdóname madre tú! ¡Perdóname madre mía! ¡Qué derecho tengo yo de robarte tu alegría! ¡Que me perdonen los cielos, que me perdone mi Dios! Nadie en el mundo merece sufrir por lo que haga yo.

Tiré lejos el cuchillo y lloré no sé hasta cuando. De pronto me vi en el suelo y con mis manos mojadas por el llanto me toqué los hombros y como nunca sentí el abrazo tierno de mi soledad que amorosamente intentaba consolarme. Descubrí mi dignidad que también gimiendo rodaba por el suelo; sentí lástima por ella, la tome en mis brazos, lloramos juntas y con todo el amor posible en este corazón maltrecho les he jurado quererlas más que a ti.

Que me perdone mi madre, ¡que me perdone mi Dios! Perdóname tú también, que no tienes culpa alguna y si es posible borrar de tu mente lo ocurrido, vuelve y dame tu amistad, que al fin ya la he comprendido.

SOLEDAD DIVINA

Y me puse un día a platicar conmigo,
algo que no hago mucho muy seguido;
quería descubrir con sinceridad,
por qué había elegido tanta soledad.

Abrí la ventana y afuera llovía,
la lluvia callada caía, caía;
corrí hasta la puerta y no pude parar,
tenía que mojarme, me quería empapar.

Y al sentir que la fresca lluvia me escurría,
recordé que de niña eso mismo hacía;
yo bajo la lluvia reía y reía,
cuando era feliz y en el campo vivía.

Y me fui buscando toditos los charcos
y en toditos ellos feliz di de saltos.
Y después de tanto, tanto regocijo,
me senté temblando y me puse a llorar.

¿Pero por qué lloras? Me pregunté.
Lloro por ser tonta. Así me contesté.
Es cuestión de dar a todas las cosas
su significado, su valor exacto.

Toda esta tristeza que cargo por años
no ha sido otra cosa que felicidad,
que discretamente me la fui guardando
para mi solita en mi soledad.

Soledad divina de recuerdos tantos,
de todos olores, tintes y sabores;
soledad que has sido un santuario santo
donde guardo intactos todos mis amores.

UNA LÁGRIMA CAYENDO

Una lágrima muy triste iba cayendo,
el pañuelo se aleja en dirección contraria;
volvió cuando extrañó aquel sentimiento,
y a la lágrima ya el viento la secaba.

A LA PANDEMIA

COVID-19

Invitada por Covid, la muerte se cree bienvenida;
crespones amargos por el mundo va regando,
desolada la noche, de luto vestida;
corazones marchitos ahogados en llanto.

Historias de viejos los niños no escuchan,
escuelas cerradas, se aprende en el aire,
resguardados todos seguir en la lucha,
evitando contactos y andar por la calle.

Y que está mutando, que ya no serán
tan solo los viejos, que a todos parejos
si no nos cuidamos nos puede atacar;
de librarnos de ella estamos muy lejos.

Tristeza infinita, el mundo la carga,
tan grande y pesada, que ha logrado unir
a tantas naciones en esta desgracia,
para juntos todos poderla abatir.

Sin abrazos, ni besos, ni fiesta en la plaza,
los amores tristes, tristes fallecieron.
Conviviendo juntos todos en la casa,
los grandes amores, se fortalecieron.

GLOBO DE SAL

Desolación...
Como nunca antes se vio;
al mundo entero envolvió
el coronavirus.

Pandemia que va atacando
la salud por todas partes;
que no respetó fronteras,
los viejos en la mira estamos
y de horrores nos enteramos.

Faltaron respiradores,
les tocó a algunos doctores
el tener que decidir;
a quién salvarle la vida
y a quien dejarle morir.

Viejos muriendo solos,
lejos de sus familiares;
ya no caben los enfermos,
no hay lugar en hospitales.

No hay niños ya por los parques,
nadie se baña en las playas;
en casa deben quedarse
por el peligro a infectarse

Vacías se encuentran las calles,
no hay quien al silencio perturbe
ni en pueblitos, ni en ciudades,
tampoco en las grandes urbes.

Las iglesias se han cerrado,
calladamente una por una;
desde la plaza de San Pedro,
desierta como la luna,
consternado el Papa Francisco
bendice a la humanidad.

Lágrimas que se congelan
con su luto universal,
dejando a nuestro planeta
como un globo de Sal…

QUISIERA

Quisiera,
que esta pandemia nos diera
cuando al fin un día se fuera,
a toda la humanidad;

la capacidad, la infinita sabiduría
que tanto necesitamos,
para dejarnos de guerras,
de odios raciales,
de intransigentes ideologías.

Que la violencia
y las armas no sean más
el temor de cada día;
que sin odios ni guerras,
sin ideologías,
muriéndonos muchos estamos.

Que podamos enfocarnos
en salvar nuestro planeta,
al que estamos destruyendo,
¡que es de mucho preocupar!

Que bonitos serán los tiempos
en que los viejos podamos
al llegar nuestro final,
irnos satisfechos sabiendo…

Que a nuestros queridos hijos,
nietos y bisnietos los dejamos
en un mundo precioso,
lleno de encantos, sano y en paz.

A LA PATRIA

CANCÚN

Cancún, majestuoso lugar eres tú;
con tu sol que glorioso cruza un cielo azul.

Cancún misterioso, tranquilo y audaz;
una selva que sabe cantar,
mil suspiros que vienen y van.

Eres porque Dios así quiso un edén;
melodías son tus días que terminan,
en tus noches que saben a miel.

Cancún, yo también sucumbí a tu esplendor,
porque tú solo inspiras la dicha, el amor.

Vibran en el aire las notas de paz,
que con las de placer a la par;
tú nos brindas eso y cuánto más.

Tú, sabes darte a lo grande Cancún;
por eso un mar turquesa
te abraza y te besa tus playas de tul.

DOS SIGLOS DESPUÉS

Si vienes a la Unión, Unión de TVLA, mi tierra;
has de saber que aquí doscientos años atrás, ¡quién lo dijera!
Cuatro familias nobles lo decidieron;
en este lindo valle, en este lindo suelo formar un pueblo.

Le quisieron dar sus nombres y un acierto resultó,
porque con sus iniciales fue TVLA que se formó.

¿Cómo lo concibieron? ¿Sería casualidad?
Tal vez ya estaba escrito en las páginas de un libro
que ya tenía Jesucristo para aquí poder llegar.

El placer que sintieron me puedo imaginar,
al ver que construyeron el pueblo más bonito
en esta preciosa tierra con su clima sin igual.

Cerca de la laguna, también del Pedregal;
que se llena de nardos que son lindos azahares
y el cerro San Lorenzo como su fiel guardián;
entre los dos arroyos, El castillo y Gavilán.

Si dos siglos después un privilegio es,
vivir en esta tierra de amor, de paz, de fe;
solo quiero decirte pueblo de mi corazón:
Que así como yo te quiero, ¡también te quiere mi Dios!
Y que donde quiera que ande con orgullo he de gritar:
¡QUE VIVA MI UNIÓN DE TVLA! ¡QUE VIVA!
La tierra chula de la amistad.

EL HUIZACHE

Mañanitas fresquecitas, mañanitas cristalinas;
Congelado y colgando de aquel huizache, el rocío. ¡Algo para ver!
Calladitas las horas pasaban, amanecía en Santa Catarina,
solo el arroyo quebraba el silencio con su murmullo y orgullo de ser.

Y el sol ya viene saliendo, despacito, temblando de puro frío
y la mañana se enciende, hay barullo, algarabía…
¡El gallo canta, los becerro braman, los pollitos pío, pío!
El olor de la cocina, cono si fuera una fiesta, allí todo era alegría.

Y las tardecitas de gloria que las garzas visitaban,
¡qué lindas junto a los sauces, como divinas señoras!,
silenciosas el paisaje con su blancura adornaban.
Son las cosas que perduran para siempre en la memoria.

EN LA PLAZA

Mirando en la plaza altísimas palmas,
el pasto tan verde, el kiosco, la gente.

Hay quien se entretiene tan solo mirando,
ancianos felices, los niños jugando.

Hay preocupaciones, flojeras y prisas;
también hay canciones, alegrías y risas.

Se escucha una banda, también un mariachi;
alguna parranda se traen en La Bambi.

Todo bajo el cielo azul de mi pueblo,
pueblo que subyuga, sólo Unión de TVLA.

¡Un organillero! Música singular,
y me complació con quizás, quizás, quizás.

Yo sigo pensando, también extrañando
esos tiempos idos felices de antaño,

Miro a todas partes y vuelvo a mirar,
los afectos de antes no van a llegar.

Hacia el templo pasan personas devotas,
alguien llega, ¡viene a limpiarse las botas!
ya lo he visto todo y me puedo machar.

MASCOTA MÍA
(Letra de una canción)

Mascota mía de mis amores,
igual que yo,
de ti la luna se enamoró
y te acaricia toda, todita
y más bonita te miro yo.

Mascota mía si te imagino,
en la quietud con que tú duermes
desde el mirador;
aquí en mi pecho
por Dios que siento
que no me cabe ya el corazón.

Tierra bendita como olvidar
que mis amores los guardas tú,
el Ahuilote y tu luna fueron
testigos de aquél amor sin par.

A Dios le pido sea mi fortuna;
igual que ayer,
bajo la luna poder volver
y en la capilla de la preciosa
amor eterno le juraré,

Tierra bendita, cómo olvidar
que mis amores los guardas tú,
el Ahuilote y tu luna fueron
testigos de aquel amor sin par.

MÉXICO MÍO

Déjame patria querida
que con el alma te diga,
que eres mi gran orgullo
y por qué mi amor es tuyo.

Tal vez no te diga nada,
más de los que otros te han dicho,
pero sí sale de mi alma
decirte que eres mi abrigo.

No he de hablarte de tus playas
ni de tu cultura enorme,
de tu clima, flora y fauna,
que son envidia del orbe.

Eres grande en territorio
y no es todo lo que cuenta,
es tu alma lo que adoro,
alma de amor y de fiesta.

Tú lloras con las desgracias
que a tus hijos les aquejan,
también riendo con calacas
el día de muertos festejas.

Es tu gente que no engaña,
que brinda honor a tu nombre;
que te lleva en las entrañas
te presume y no te asombre.

Y sabe ser igual que tú
así de grande y de noble,
la vejez y la juventud
su cariño no te esconden.

Te quiero México mío,
¡mírame bien, voy llegando!
aquí se acaba el hastío,
lejos de ti ando penando.

MI PALOMITA GRIS

Unión de TVLA fue, es y siempre será,
el lugar donde pude mis penas calmar.

Tu precioso jardín donde tardes pasé
recordando momentos felices de ayer.
Años de mi niñez que en tus calles dejé,
todos llenos de dicha a tu amparo y tu fe.

Portal Villaseñor, cuántas veces me vi
escapar de la lluvia corriendo hacia ti;
tierra dulce y feliz, mi palomita gris,
tú que en mi alma supiste amorosa anidar;
solo quiero vivir para volver a ti,
para volverte a ver, tan solo una vez más.

Aunque lejos esté yo no podré olvidar,
el lugar donde tuve mi primer amor;
sueños de juventud tan llenos de ilusión,
con amor solo tú has sabido guardar.

Todo mi corazón se quedó junto a ti,
mi casita, mi gente y quiero volver;
ya no pude esperar, decidí regresar,
a la paz, a la dicha que al irme perdí.

Vengo en La Trinidad, empiezo a suspirar,
tus torres divisar son mi felicidad.

NOSTALGIA

En esta noche serena
toda cubierta de estrellas,
celebrando luna azul.

Yo siento el alma en pedazos
por no estar en tu regazo,
por no estar donde estás tú.

Me fui lejos como tantos,
tantos que buscan temprano
de un futuro y sin saber…

Que el futuro no es ninguno
cuando dejas el terruño,
a tus padres y un querer.

Porque duele hasta en los huesos
y soñando en el regreso
se te parte el corazón.

Yo he vivido tantas cosas,
muchas de ellas tan hermosas,
y nunca lo he denegar.

Si pudiera ser un niño
y andar de nuevo el camino,
mucho de ello iba a cambiar.

Que no sirve la riqueza
cuando dejas la pobreza
que tan solo es material.

México del alma mía,
mi vida entera daría
por volver a estar en ti.

Y me inunda la tristeza
porque siento que en la ausencia,
la vida no he de vivir.

QUIERO VOLVER Y VOLVER

Cuando yo muera Diosito, quiero que me des la gloria,
de volver al lugarcito donde comenzó mi historia.

Déjame volver y volver, convertida en lo que sea;
en la luz de la mañana, en el árbol que florea,
en la sombra de algún cerro, del océano en la marea;
Déjame ser de mi tierra, parte viva, lo que sea.

Déjame ser esa lluvia que le moja sus entrañas
o una brisa que le cuenta sus secretos al pasar;
ese frío que la despierta tempranito en la mañana
o el calor del medio día que le ayuda a bostezar,

Ser el polvo de un camino que se alborota y se aquieta,
o la nube paseadora que a ratos le tapa el sol;
ser el eco del estruendo en las noches de tormenta
o el precioso nopalito con tunas de color.

Déjame ser la humareda o la lava de un volcán,
una laguna apacible o un arroyo saltarín;
ese llanto que a los pinos les deja el viento al pasar,
la nieve de las montañas empezando a derretir.

Quiero ser el arco iris que presume sus colores
o un desierto que colores presumir puede también;
los jazmines y romeros que le brindan sus olores
o quizás una llanura que no deje árbol crecer.

Ser una hiedra que celosa no se quiera desprender,
o una serena palmera con sus arrullos sin fin;
la dolorosa ternura de un sentido atardecer
o de esta mi tierra santa, aunque sea un tabachín.

Ser la fuerza de algún río desembocando en su mar,
una cascada impaciente con su prisa de caer;
el borboteo de un venero con su incesante cantar
o una playa suavecita donde caminen tus pies.

Parte viva de esta tierra cuando muera quiero ser.
Parte viva de mi México, cuando muera quiero ser.

Cuando yo muera oh mi Dios, ese favor concédeme;
y si acaso no es posible, tengo ya una alternativa;
déjame estar en la luna, esa luna que es mi amiga;
así podré contemplarla por las noches cuando duerme,
a esta linda tierra mía, que si no miro me duele.

QUINCE DE SEPTIEMBRE

Patria, patria mía;
quiero decirte que mi orgullo,
el más grande, ha sido siempre
el ser un hijo tuyo.
Llevar en mis venas la sangre morena,
de esta tierra ardiente, valiente, sincera.

Yo sé que tú sufres mi patria querida,
yo se que tú lloras cual madre amorosa,
al ver que tus hijos se van a otras tierras
buscando riqueza, buscando mil cosas;
porque no han sabido hallar en tu suelo
la inmensa fortuna que guardas para ellos.

No sufras mi patria, ya van a volver;
no te sientas triste que no son ingratos,
porque un mexicano jamás te ha olvidado
y sufre allá lejos por volverte a ver.

Yo lo he sentido también,
también yo he estado lejos.
No encuentras sosiego, no tienes bandera;
no tienes un cielo tan lleno de estrellas,
te sientes perdido, la angustia te abraza
y sientes el llanto que viene a asomarse
si escuchas alegre cantar un mariachi.

En fechas como esta tienes que llorar,
porque tu patria no escucha
cuando con el corazón le gritas:
¡VIVA MÉXICO!, si presente no estás.

Y ese grito de amor, pronto se vuelve dolor;
y ese grito que se ahoga es el que yo vengo a darte;
mírame tierra querida, he venido y a quedarme.

Es lo hermoso de tu gente, su eterno apasionamiento;
que siempre lleva vigente el amor; ¡qué sentimiento!
fue de ti que lo heredamos México con corazón,
yo te quiero ver sonriente y me asiste la razón.

Con el gran Dios en tu cielo y tus hijos en tu tierra,
siempre lucirá más grande tu bellísima bandera;
porque tienes hijos que han de defenderte
de cualquier ofensa que tu frente hiera.

Toma una bandera, tómala mi hermano;
toma una bandera y siente tu tierra,
siente la ternura que da tener cerca,
juntito a tu pecho, ¡a tu patria entera!

SANTA CATARINA
(A mi hermana Margarita)

Si quisieras volver, si quisieras volver.
Santa Catarina, tan chula, tan linda,
tan sola, tan triste, mi tierra querida;
donde feliz fuiste, quiere volverte a ver.

¿Recuerdas que te despertaba el gallo?
¿Que había las nubes de cualquier color?,
aquí sigue habiendo los lirios en mayo
y los mandarinos siempre están en flor.

Yo no sé qué cosas tengas allá lejos,
pero aquí te extraña primero el espejo,
luego tu caballo y tu sombrero viejo;
también el arroyo y la sombra del cerro.

Todo sigue igual que cuando te fuiste;
las estrellas brillan y la luna también;
crecieron los sauces como tú dijiste,
aquí todo sigue igual, todo sigue bien.

Yo continuaré mintiéndole al gallo,
a las nubes, a las flores y al caballo;
también al arroyo, a tu sombrero viejo
y a la sombra fría y tan triste del cerro.

Les seguiré diciendo que tú volverás
y todos felices por ti esperarán
y así pensando en tu pronto regreso,
tu ausencia tan triste ya no dolerá.

UN SENTIMIENTO

Eres Unión de TVLA un sentimiento
que hace crecer el alma y perder aliento.
Cuando yo miro desde el camino tus torres altas,
al momento yo me imagino estar en tu plaza.

Qué tranquilidad, qué felicidad y paz
es poder llegar y tus aires respirar.
Puedo bailar y cantar y reír y llorar;
porque contigo pueden mis emociones aflorar.

Porque hay algo que en mí no cambia pueblo querido
y es el cariño inmenso que a través del tiempo te he tenido.
Porque te quiero mi tierra como si fueras mi madre,
porque después de mis hijos, eres mi apego más grande.

Porque yo sufro si lejos, lejos de ti me encuentro,
porque no tengo sosiego hasta yo saber que vuelvo.
Y sé que ya pronto haré ese viaje de no regreso
y no me quejo, porque estoy lista ya para eso.

Porque Dios quiso darme la bendición de llegar a vieja
y a él le pido de corazón, si morir feliz me deja,
que sea contigo, para aquí mi amor dejarte;
y con la esencia de un mariachi, mi alma por fin descanse.

VUELVE A VALLARTA

Vallarta se encuentra triste,
Vallarta quiere llorar;
desde que tú amor te fuiste
yo ya no la puedo consolar.

El sol que te acariciaba,
ya no baila con el mar;
las olas escriben penas
sobre la arena y luego se van.

Mi vida vuelve a Vallarta,
que mi alma muy triste está;
la luna ya no aparece
y el agua ya no tiene ni sal.

Mi vida vuelve a Vallarta,
pasea por el malecón;
así volverá la luna
y alegrarás a mi corazón.

BIOGRAFÍA

María del Refugio Topete Anaya nació en Mascota Jalisco, el 23 de mayo de 1946. Sus padres fueron Eutimio Topete Estrella originario de Olivera municipio de Unión de TVLA y Felipa Anaya Plascencia originaria de Palo Gordo del mismo municipio. Sus hermanos fueron: Bernardo, María, María Francisca, María del Rosario, Salvador, José Trinidad, Nicolás, María Dolores y Margarita; ella fue la penúltima en la lista.

En 1954 sus padres decidieron regresar a vivir a Unión de TVLA y ahí terminó la primaria con las monjitas a cargo del colegio María Ponce.

Vivió entre Unión de TVLA y Santa Catarina, donde aprendió con su padre todos los oficios del campo desde sembrar maíz, frijol y garbanzo hasta el cuidado de los animales, ordeñar las vacas y también hacer panelas y queso. Junto con su hermana menor se las arreglaban para sacar el rancho adelante y cuando esta se casó fue su hermana Lola quien laboró con ella.

En Santa Catarina conoció y vivió la soledad, puesto que no tenían vecinos y fue tal vez por esa soledad que desde muy temprano en su vida escribía lo que le gustaba o disgustaba.

Le maravillaba la naturaleza. Tenía ocho años cuando descubrió la sombra del cerro que vio bajar desde lo más alto y la dejó sin palabras hasta que en el horizonte se encontró con el astro rey. Pronto salió de su error al darse cuenta de que esa no era la sombra del cerro; era la noche que terminaba al salir el sol. La sombra llegó por la tarde y para ella fue todo un espectáculo. La casa estaba situada al pie del cerro llamado La Mesa del Capitán. Ella siempre ha pensado que Felipe Valdés Leal se inspiró en este rancho cuando escribió la canción Mi Ranchito; (su favorita de todos los tiempos) porque gracias a este cerro ahí temprano se oculta el sol.

En el año 1971, vivió en Estados Unidos donde conoció a quien fuera su esposo; se casó con él en 1972 y de ese matrimonio tuvo seis hijos: Kelly, Derrick, Greg, Randy, Calina y Cliff.

Luego en 1978 vino un divorcio y junto con sus hijos volvió a vivir en su pueblo.

En 1981 escribió el poema "Quince de septiembre" que fue publicado por el periódico El Occidental de Guadalajara en ese día.

En 1983, volvió a California, donde sus hijos crecieron e hicieron sus vidas. Cuando ellos se fueron a seguir su destino, volvió para ella la soledad; solo había contra esquina de su casa unos vecinos, muy queridos por cierto. Lorenzo e Irene Ramos, oriundos de Michoacán, México.

También la apasionaba el dibujo y tenía pintarrajeadas todas las tablas de las camas que iban bajo los colchones, porque en el rancho no siempre había papel. Fue hasta en esta etapa de su vida en California, que tuvo la oportunidad y tomó clases de dibujo, pintura al oleo, acrílico y acuarela en el Antelope Valley College de Lancaster California.

En 2009 volvió a vivir en Unión de TVLA; esta vez vino a acompañar a su madre el día anterior a su cumpleaños 99 y tuvo la dicha y la fortuna de ver por ella los últimos dos años de su vida. Fue entonces que decidió quedarse y aquí sigue; haciendo lo que le gusta hacer, escribir y pintar.

En 2010 se grabó la canción "Unión de TVLA "de su autoría. Le han grabado algunas de sus canciones los interpretes Jesús Gallardo, tenor dramático muy fino de Autlán de la Grana Jalisco, Valente Pastor, también tenor dramático, Cuco Rodríguez, ahijado y Cuachilaco de Ayutla Jalisco y el queridísimo Mariachi Grullense. En este disco se incluyeron las piezas "México del alma mía" y "Mi Jalisco lindo".

En mayo de 2021, presentó un pensamiento a su pueblo para conmemorar el bicentenario de su fundación. Ella es descendiente directa de uno de sus fundadores, José Antonio María Enríquez Topete Arreola.

Hay una bonita historia de José Antonio, abuelo cuarto de María del Refugio; en 1816 vio en un mezquite de su hacienda la figura de una cruz y se lo llevó a su casa en Santa Rosa, donde llegó un desconocido pidiendo trabajo y siendo este hombre carpintero, se quedó trabajando en el Cristo; cuando el Cristo estuvo terminado y antes de recibir su pago, el carpintero desapareció y nadie nunca supo de él. La iglesia le pedía que lo dejara en el templo para que fuera venerado y él respondía que si el Cristo no estaba con él, moriría. Y así fue, lo prestó por unos días y no se lo regresaron. Se cree que por esa pena, de camino a su hacienda murió.

Por muchos años fue llamado "El Cristo del Mezquite".

Actualmente es conocido como "Señor de la Misericordia" y es venerado no solo en esta parroquia, puesto que cuenta con vasallos en toda la región.

En mayo del año 2021, escribió este poema a su apellido:

TOPETE

Es Topete mi apellido,
con mucho orgullo lo digo.
Un apellido de nobles
oriundo de Portugal,
que se extendió por España
y luego a México supo llegar.

En los tiempos de la conquista,
cuando era tan popular
y vinieron a Jalisco,
hasta Ameca en especial.

Y a José Antonio al aquí llegar
en una visita amistosa,
lo enamoró este lugar
y se estableció en Santa Rosa.

Y el Señor de la Misericordia,
el de aquí de Unión de TVLA,
es el único Cristo en el mundo
que vino con apellido.

Y ese precioso apellido señores,
que me tocó sin pedirlo,
que no sabe de rubores
es Topete... se los digo.

José Antonio María Enríquez Topete Arreola, que nació en 1772 en Ameca Jalisco y Teresa Topete, primera esposa, fueron los padres de José Antonio Julio que nació en 1804 y José Antonio Guadalupe en 1806, que fueron bautizados en Ejutla Jalisco. José Antonio Julio y Dolores Corona fueron los padres de cinco varones: Jesús, Juan, José Nicolás, José María de Jesús y Eutimio. Este último contrajo matrimonio con Dolores Michel y su primer hijo fue Bernardo, que nació en Olivera en 1872, quien se casó con Margarita Estrella del Castillo en 1895. El primer hijo de ese matrimonio que nació el 28 de octubre de 1896 fue Eutimio Topete Estrella que con su esposa Felipa Anaya Plascencia fueron los padres de 17 hijos de los cuales María del Refugio fue la número 12. Desafortunadamente murieron siete de esos hijos cuando eran muy pequeñitos, tres de los primeros y los últimos cuatro.

Curiosamente, el hijo mayor de María del Refugio, Kelly, nació en 1972, su bisabuelo Bernardo en 1872 y el bisabuelo de este, en 1772.

www.ingramcontent.com/pod-product-compliance
Ingram Content Group UK Ltd.
Pitfield, Milton Keynes, MK11 3LW, UK
UKHW041951230426
12048UKWH00008B/265